はじめに

ハラスメントについて、大きく時代は変わろうとしています。本
どのような言動が該当するのか、新たに事業主に義務付けられた
防止措置とは何をしなければならないのか、法律の改正内容につ
を交えて解説していきます。
者）は昭和40年の生まれですが、子供の頃は、イタズラをして父
られるなど普通の時代でした。現在とはだいぶ違うようですね。で
そのように育ってきたためか、経営者としてゼロから事務所を立
きた過程で、おそらく私自身もパワハラの行為者であったろうし、
省してきた一人でもあるのです。

の職業生活における活躍の推進に関する法律等の一部を改正する
和元年法律第24号）」が令和元年５月29日に成立し、同年６月５日
れました。

法律は、「女性の職業生活における活躍の推進に関する法律」「労働施
合的な推進並びに労働者の雇用の安定及び職業生活の充実等に関す
「雇用の分野における男女の均等な機会及び待遇の確保等に関する
ど複数の法律を改正するもので、令和２年６月１日（一部は公布日、
年４月１日）より施行されます。
のタイトルのとおり、もともとの改正の目的は職場における女性の
推進するためのものです。女性の労働力人口、管理職比率、賃金の
差などを改善していくために何をしていくべきかという議論から始
います。

し、結果的に今回注目されているのは、企業にパワーハラスメント
義務付けるというところです（そこで本書では、タイトルに「パワハ
法」と入れましたが、正式な法律名称ではありません）。セクシュア
スメントなどと同様に女性の就業意欲を削ぐものだからですが、女

パワハ

防止

サクッと早わかり!

労務実

自由国民社

パワー

書では、

パワハラ

いて事例

私（筆

親に怒鳴

すから、

ち上げて

それを反

「女性

法律（令

に公布さ

この法

策の総合

る法律」

法律」な

令和4年

法律の

活躍を

男女格

まって

ただ

防止を

ラ防止

ルハラ

性に限らず、パワーハラスメントは時代にそぐわない（程度によっては看過できない）指導方法だからです。

パワーハラスメントは、今や最も件数の多い労働問題となってしまいました。すでに多くの企業が上司の指導方法などの改善に取り組み始めていますが、一定の措置が義務化され、行政の介入も強まることになります。

具体的なパワーハラスメントの判断、事業主に求められる措置などは、「労働施策総合推進法（30条の２第３項）」の規定に基づき、「事業主が職場における優越的な関係を背景とした言動に起因する問題に関して雇用管理上講ずべき措置等に関する指針」（厚生労働省告示第５号）が令和２年１月15日に公布されています。

会社はこれから、基本的にこの指針を踏まえて、対応していくことになります。

本書が、取り組みを進める企業の労務担当者、管理監督者、取締役、部下の指導に迷っている管理職などの参考になることを願っています。

令和２年３月

著者　岡田良則

女性活躍推進法等の主な改正事項と施行スケジュール

この法律は、下表のとおり、令和２年６月１日（公布の日から起算して１年を超えない範囲内において政令で定める日）から施行されます。ただし、一部は令和元年６月５日（公布の日）と令和４年４月１日（公布の日から起算して３年を超えない範囲内において政令で定める日）から施行されます。

	主な改正事項	施行日	頁
女性活躍推進法	行動計画策定・情報公表義務の対象拡大 （常時雇用労働者301人以上→101人以上）	令和4年4月1日	74頁 79頁
	情報公表強化、プラチナえるぼし	令和2年6月1日	77頁 79頁
労働施策総合推進法	国の施策へハラスメント対策明記	公布日（令和元年6月5日）	—
	国、事業主および労働者の責務	令和2年6月1日	35頁
	雇用管理上の措置義務の新設	令和2年6月1日 ※中小事業主は、令和4年3月31日までは努力義務	34頁
	事業主への相談等を理由とした不利益取扱いの禁止	令和2年6月1日	47頁
	紛争解決援助・調停、措置義務等の履行確保（報告徴収、公表規定整備）	令和2年6月1日 ※中小事業主は、令和4年3月31日までは対象外	52頁
均等法	国、事業主および労働者の責務	令和2年6月1日	58頁
	事業主への相談等を理由とした不利益取扱いの禁止		58頁
	他社の措置義務実施へ協力（努力義務）（セクハラのみ）		59頁
	調停の意見聴取対象拡大		—
	男女雇用機会均等推進者の選任努力義務		—
育児介護法	国、事業主および労働者の責務		58頁
	事業主への相談等を理由とした不利益取扱いの禁止		58頁

中小企業の経過措置があります

左のスケジュールのとおり、中小企業の事業主（国、地方公共団体および行政執行法人を除く）については、令和４年３月31日までの間、一部が努力義務ないしは対象から除かれています。中小企業とは、業種によって次のいずれかに該当するものです。

●中小企業の定義

	資本金の額または出資の総額	常時使用する労働者の数
卸売業	1億円	100人
小売業	5千万円	50人
サービス業		100人
その他	3億円	300人

検討規定があります

政府は、この法律の施行後５年を経過したとき、改正後の状況について検討を加え、必要があると認めるときは、所要の措置を講ずるものとされています。

主な法律等の略称

●女性の職業生活における活躍の推進に関する法律　⇒　女性活躍推進法

●労働施策の総合的な推進並びに労働者の雇用の安定及び職業生活の充実等に関する法律　⇒　労働施策総合推進法

●雇用の分野における男女の均等な機会及び待遇の確保等に関する法律　⇒　均等法

●労働者派遣事業の適正な運営の確保及び派遣労働者の保護等に関する法律　⇒　派遣法

●育児休業、介護休業等育児又は家族介護を行う労働者の福祉に関する法律　⇒　育児介護休業法

CONTENTS

はじめに …… 2

巻頭 女性活躍推進法等の主な改正事項と施行スケジュール

主な改正事項と施行日 …… 4

中小企業の経過措置、主な法律等の略称など …… 5

第1章 パワハラの類型と事業主が講ずべき措置

頻発する職場のパワーハラスメント

Q 01 なぜ、いまパワハラが注目されているのですか？ …… 10

パワーハラスメントの法的責任

Q 02 社員のパワハラで行為者や会社にはどんな責任が問われるのですか？ …… 12

パワーハラスメントの定義

Q 03 パワハラと「指導」との違いをどう考えればよいですか？ …… 15

パワハラの6類型①②

Q 04 「身体的な攻撃」や「精神的な攻撃」とはどんなことですか？ …… 20

パワハラの6類型③

Q 05 「人間関係からの切り離し」とはどんなことですか？ …… 26

パワハラの6類型④⑤

Q 06 「過大な要求」や「過少な要求」とはどんなことですか？ …… 28

パワハラの6類型⑥

Q 07 「個の侵害」とはどんなことですか？ …… 32

事業主のパワハラ防止措置

Q 08 事業主に義務付けられたパワハラ防止措置とはなんですか？ …… 34

方針の明確化と周知・啓発

Q 09 事業主はどんな方針を会社で周知すればよいですか？ …… 37

相談窓口の周知など相談体制の整備

Q 10 社内のパワハラ相談体制の整備はどうすればよいですか？ …… 41

事実関係の迅速・正確な確認と適切な対応
Q11 パワハラの相談があったらどんなことに注意して対応すればよいですか？……43

プライバシー保護と不利益取扱いの禁止
Q12 相談者や行為者のプライバシーにはどう配慮すればよいですか？……46

ハラスメント全般の一元的相談体制など
Q13 パワハラ防止でより積極的に取り組む場合望ましい措置はなんですか？……48

雇用労働者以外の者の言動にも注意
Q14 取引先からのパワハラや顧客のクレームにどう対処すればよいですか？……50

援助・調停・あっせん
Q15 パワハラが労使紛争になったら解決にはどうすればよいですか？……52

第2章 セクハラ・マタハラなどの防止対策の強化

複合的に起こる職場のハラスメント
Q16 セクハラ、マタハラ、育児介護ハラなどの諸問題を教えてください？……56

既存の各ハラスメント指針も改正
Q17 セクハラ、マタハラ、育児介護ハラの防止指針も改正されるのですか？……58

第3章 パワハラ防止の実務対応の進め方

実態の把握と取り組み後の効果測定
Q18 パワハラ防止の取り組みはどうやって始めればよいですか？……62

相談の受付と記録
Q19 パワハラ防止の相談窓口の運営はどうすればよいですか？……66

取り組み事例
Q 20 企業のパワハラ防止事例で参考になるものはありますか？……69

コラム パワハラ防止の取り組みは企業を健全化する……72

第4章 女性活躍の推進と企業の取り組み

女性活躍推進のための一般事業主行動計画
Q 21 一般事業主行動計画の策定を義務付けられるのはどんな企業ですか？……74

認定一般事業主と特例認定一般事業主
Q 22 当社は現在、「えるぼし」認定を受けていますがさらにその上があるのですか？……77

情報公開の強化と対象の拡大
Q 23 女性活躍推進に関する情報公表の義務も強化されるのですか？……79

巻末 パワハラ・セクハラ・マタハラなどの指針

●事業主が職場における優越的な関係を背景とした言動に起因する問題に関して雇用管理上講ずべき措置等についての指針
（令和2年1月15日　厚生労働省告示第5号）……82

●事業主が職場における性的な言動に起因する問題に関して雇用管理上講ずべき措置等についての指針
（平成18年厚生労働省告示第615号　最終改正：令和2年1月15日厚生労働省告示第6号）……93

●事業主が職場における妊娠、出産等に関する言動に起因する問題に関して雇用管理上講ずべき措置等についての指針
（平成28年厚生労働省告示第312号　最終改正：令和2年1月15日厚生労働省告示第6号）…101

●子の養育または家族の介護を行い、または行うこととなる労働者の職業生活と家庭生活との両立が図られるようにするために事業主が講ずべき措置等に関する指針の主な改正点（抜粋）
（平成21年厚生労働省告示第509号　最終改正：令和2年1月15日厚生労働省告示第6号）…110

第1章

パワハラの類型と事業主が講ずべき措置

Q01

頻発する職場のパワーハラスメント

なぜ、いまパワハラが注目されているのですか?

A パワーハラスメント（以下「パワハラ」といいます）のトラブルは年々増加し、いまや労働問題のトップにまでなっています。社員が本来のパフォーマンスを発揮するためには、労働環境を悪化させるパワハラについて、会社は積極的に防止していかなければなりません。

パワハラの労働相談が増えている

労働紛争の相談内容のうち、「パワハラ（これまでの行政は「いじめ・嫌がらせ」と呼んでいます）」を理由とするものが増えています。10年ほど前までは「解雇」が最も多い理由でしたが、近年「パワハラ」が抜きん出て多い理由となってしまいました。

民事上の個別労働紛争　主な相談内容別の件数推移（10年間）

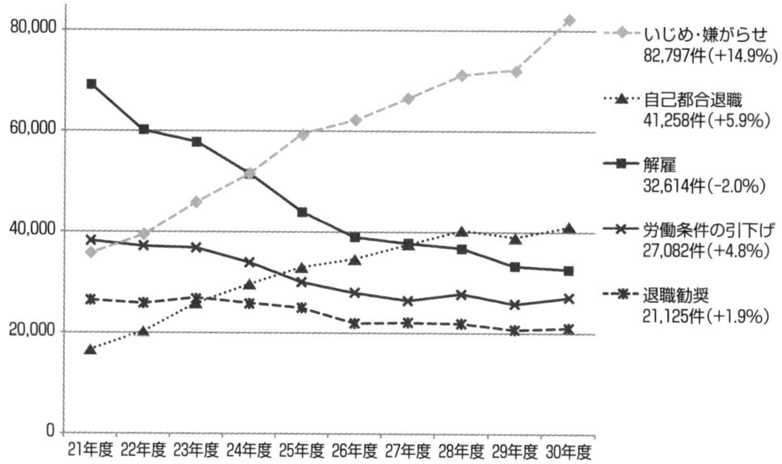

※(　)内は対前年度比。

出所:「平成30年度個別労働紛争解決制度施行状況」(厚生労働省)

職場でパワハラが起きていないか

パワハラが行われるとき、ある程度は部下の業績が振るわない、勤務態度が悪いというケースも多いようです。しかし、小突いたり、怒鳴ったりという行為は誤った指導方法です。また、あからさまな行為でなくとも、周りで見ている人までが不快に思うような言動で指導することは、職場環境を悪化させることになるのです。

このようなパワハラについての認識は、世代間でだいぶ違ってきていると思います。戦中、戦後を生きてきたような人々やそのような人達に育てられた筆者のような世代は、自分にも、人にもやや厳しいところがあります。特に、このような世代の人達は、会社の上司であったり、経営者であったりするため、年長の人達から考え方を変えていかない限り、パワハラの問題は減っていかないのでしょう。

厚生労働省の検討会に提出された資料では、「パワハラが起きる要因」を次のように示しています。

パワハラが起きる要因

パワハラが起きる要因

■加害者要因
- ・過剰なストレス
  - 外的ストレス
  - 内的ストレス
- ・固定的な価値観（権力の誇示、精神論、完ぺき主義など）
- ・コミュニケーションの世代間ギャップ

■被害者要因
- ・ストレス耐性の低さ
- ・社会的ルールやマナーの欠如
- ・依存体質、責任転嫁体質

■環境要因
- ・ストレス要因の増加（国際化、24時間化、スピード化、超競争状態）
- ・業績偏重
- ・不公平感を生み出す雇用形態
- ・不適切な職場環境（音、温度、配置、整頓）

出所：平成30年3月30日　厚生労働省「職場のパワーハラスメント防止対策についての検討会」報告書（参考資料）　60頁　株式会社クオレ・シー・キューブ　岡田康子委員プレゼン資料「パワハラ防止のための対策」より抜粋

パワーハラスメントの法的責任

Q 02 社員のパワハラで行為者や会社にはどんな責任が問われるのですか?

A パワハラ行為は、程度によって責任の重さは異なりますが、被害者を傷つけるだけではなく、職場環境を悪化させ、経営に様々な損失をもたらします。場合によっては、行為者が刑事責任を問われることもあり、会社も使用者責任などから損害賠償を求められることがあります。

パワハラ行為のレベル

パワハラは、その程度によって大きく3つの段階で考えられます。

最も悪質なものは、殴る、蹴るなどによって怪我を負わせたもので、傷害罪などの刑事罰を科される可能性があるものです。あってはならない「**犯罪レベル**」のパワハラです。

次に、刑法には問われなくともストレスでうつ病になったなど民事損害賠償の対象となるようなもの、あるいは改正された労働法によって違法性を問われるような「民事・労働法レベル」のパワハラです。

3段階の責任レベル

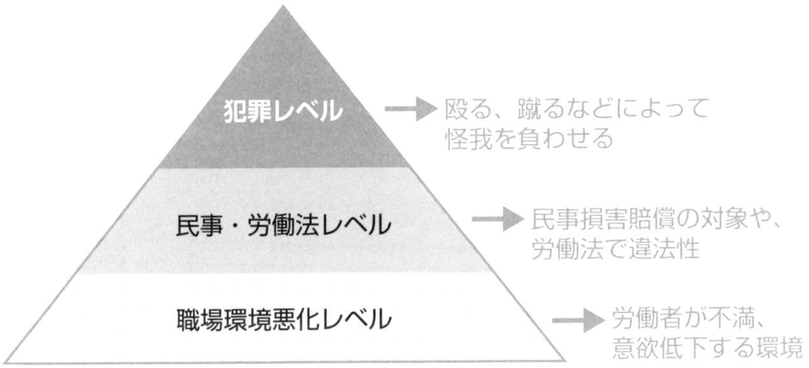

そして、上司がしょっちゅう怒鳴っているとか、営業ノルマが客観的に厳しすぎるなど、労働者に過度の負担となって不満や意欲を低下させているような「**職場環境悪化レベル**」のパワハラです。

これからの職場に求められているのは、このような「**職場環境悪化レベル**」のパワハラまでを減らすことなのです。

行為者に問われる責任

パワハラを行う者（行為者）は、多くの場合、職場を預かる**上司**です。例えば、営業部長であれば、部門の営業成績の低下から部下にもっと頑張れと指導したいことでしょう。しかし、それが、「ばかやろう！」「怠けているのか！」といった誤った発言であったり、成績の悪い者に腹いせで物を投げ付けたりなどすれば、これらはパリハラ行為です。職場の営業成績が回復するどころか、部下がやる気を失い、職場の営業業績はさらに悪化することでしょう。

このような場合、行為者の言動によっては、民事損害賠償を求められたり、刑事責任を問われたりするかもしれません。行為者は、自らの行為を甘く考えてはいけません。罪と刑罰についていくつか例示しておきます。

パワハラ行為に関連する罪と刑罰の例

罪名	行為	罰則
傷害罪（刑法204条）	人の身体を傷害した者	15年以下の懲役または50万円以下の罰金
暴行罪（刑法208条）	暴行を加えた者が人を傷害するに至らなかったとき	2年以下の懲役もしくは30万円以下の罰金または拘留もしくは科料
脅迫罪（刑法222条）	生命、身体、自由、名誉または財産に対し害を加える旨を告知して人を脅迫した者	2年以下の懲役または30万円以下の罰金
強要罪（刑法223条）	生命、身体、自由、名誉もしくは財産に対し害を加える旨を告知して脅迫し、または暴行を用いて、人に義務のないことを行わせ、または権利の行使を妨害した者	3年以下の懲役

会社（使用者）に問われる責任

ほとんどの裁判例では、行為者だけではなく、会社を相手としても損害賠償が求められています。

それは、「**安全配慮義務**」を怠ったことによる**債務不履行**（民法415条）、会社の**使用者の責任**（民法715条）を問うものが多くなっています。

「安全配慮義務（職場環境配慮義務）」とは、労働契約に付随して労働者の安全へ配慮する義務（職場環境を整える義務）があると考えられていて、その義務を怠ったことに対する債務不履行を問われるものです。

「使用者責任」とは、事業のために他人を使用する者は、被用者が第三者に対して加えた損害を賠償する責任があるという民法の規定です。

これらは、セクシュアルハラスメント（以下「セクハラ」といいます）や過労死などの事件の際に、企業が問われる代表的なものです。

これら経済的な損失に限らず、上司が部下にパワハラを行ったなどと報道されれば、会社は、社会的な信頼を損ねることになるかもしれません。そのような行為者が出てしまう環境を放置しておくことも、業績の悪化や社員の定着率の悪化など様々な経営損失を招くことでしょう。

パワーハラスメントの定義

Q03 パワハラと「指導」との違いをどう考えればよいですか?

A 厚生労働省の告示(パワハラ防止指針)でパワハラが定義されました。①優越的な関係を背景とした言動であって、②業務上必要かつ相当な範囲を超えたものにより、③労働者の就業環境が害されるものとし、①から③までの要素を全て満たすものです。

パワハラの定義

パワハラが問題となるときは、受け手側がどう感じるかということが大きく、「指導」なのか「パワハラ」なのかの判断が難しいという見方があります。パワハラをする側は「指導」といい、される側は「パワハラ」というわけです。

しかし、何がパワハラなのか、共通の認識ができるよう定義しなければ職場からパワハラをなくすことはできません。そこで平成24年に、「**職場のいじめ・嫌がらせ問題に関する円卓会議ワーキング・グループ報告**」において、初めて公式にパワハラが定義されました。このときは、まだ「パワハラ」を「いじめ・嫌がらせ」と呼んでいます。

パワーハラスメントの定義

職場において行われる①優越的な関係を背景とした言動であって、②業務上必要かつ相当な範囲を超えたものにより、③労働者の就業環境が害されるものであり、①から③までの要素を全て満たすものをいう。

なお、客観的にみて、業務上必要かつ相当な範囲で行われる適正な業務指示や指導については、職場におけるパワーハラスメントには該当しない。

今回の改正では、**パワハラ指針（厚生労働省告示）**において、ワーキング・グループ報告のものを引き継ぎ、定義し直しています。

この定義を見ると、受け手が感じる主観的な程度の大小ではなく、客観的な程度に着眼するものとして定義されています。そして、３つの要素を全て満たすこととし、「指導」との関係も示しています。

パワハラ指針では、個々の要素をさらに具体的に定義していますから、見ていきましょう。

職場とは?

パワハラの定義において、「**職場**」において行われるものとしています。「職場」は、「**事業主が雇用する労働者が業務を遂行する場所**」ですが、通常就業している場所以外であっても、労働者が業務を遂行する場所については「職場」に含まれるとしています。出張先や、「飲み会」なども含まれるということでしょう。

労働者とは?

「労働者」については、正規労働者に限らず、**パートタイム労働者、契約社員などの非正規労働者を含む全ての労働者**としています。

なお、派遣労働者については、雇用する派遣事業主（「派遣元」といいます）のみならず、派遣されて就業する職場の事業主（「派遣先」といいます）についても直接雇用する事業主とみなして法律が適用されます。

「優越的な関係を背景とした」とは?

パワハラ要素の１つとして「優越的な関係」については、「**当該事業主の業務を遂行するに当たって、当該言動を受ける労働者が行為者に対して抵抗または拒絶することができない蓋然性（がいぜんせい）が高い関係を背景として行われるもの**」と定義しています。

少し難しい表現ですね。言い換えると「拒絶することがなかなかできない関係」というところでしょうか。

具体的なものとして、次のように例示しています。

- 職務上の地位が上位の者による言動
- 同僚または部下による言動で、当該言動を行う者が業務上必要な知識や豊富な経験を有しており、当該者の協力を得なければ業務の円滑な遂行を行うことが困難であるもの
- 同僚または部下からの集団による行為で、これに抵抗または拒絶することが困難であるもの

「業務上必要かつ相当な範囲を超えた」とは?

次のパワハラ要素である「業務上必要かつ相当な範囲を超えた」については、「**社会通念に照らし、当該言動が明らかに当該事業主の業務上必要性がない、またはその態様が相当でないもの**」としています。

パワハラ行為については、それをする側は必要だと思って行っているかもしれません。しかし、「ばかやろう！」などといった発言は、本当は 「業務上必要ない」「相当でない」ものなのです。

具体的には、次のように例示されています。

- 業務上明らかに必要性のない言動
- 業務の目的を大きく逸脱した言動
- 業務を遂行するための手段として不適当な言動
- 当該行為の回数、行為者の数等、その態様や手段が社会通念に照らして許容される範囲を超える言動

なお、パワハラ指針では、このような判断に当たって、様々な要素を総合的に考慮するとしています。様々な要素とは、次のページのようなものです。

考慮すべき様々な要素

○当該言動の目的、当該言動を受けた労働者の問題行動の有無や内容・程度を含む当該言動が行われた経緯や状況
○業種・業態、業務の内容・性質
○当該言動の態様・頻度・継続性、労働者の属性や心身の状況、行為者との関係性等

さらに、個別の事案における労働者の行動が問題となる場合は、その内容・程度とそれに対する指導の態様等の相対的な関係性が重要な要素となることに留意が必要としています。例えば労働者の態度が悪く、これを改めようと指導する場合、「指導」の範囲であっても、やはり厳しい口調でいう必要がでてきますから、これらを考慮するとしているのです。

労働者の問題行動と指導の相対性

個別の事案における労働者の行動が問題
（例）遅刻が非常に多い

→

その内容・程度とそれに対する指導の態様等の相対的な関係性が重要
（例）厳しい口調の指導

「就業環境を害すること」とは?

３つ目の要素として、「就業環境を害すること」については、「当該言動により労働者が身体的または精神的に苦痛を与えられ、労働者の就業環境が不快なものとなったため、能力の発揮に重大な悪影響が生じる等当該労働者が就業する上で看過できない程度の支障が生じること」としています。

なお、判断に当たっては「平均的な労働者の感じ方」を基準にするべきと

しています。つまり、同様の状況でパワハラを受けた場合に、労働者の多くが我慢できないと感じるような言動であるかどうかということです。

パワハラの類型

パワハラ指針では、次のようにパワハラを６つの類型で解説しています。これらについては、この後、１つひとつを見ていきます。

なおパワハラ指針は、６類型を代表的な言動の類型であるとし、パワハラに該当する行為はこれらに限定されるものではないといっています。

類　型	事　例
①身体的な攻撃	暴行・傷害
②精神的な攻撃	脅迫・名誉棄損・侮辱・ひどい暴言
③人間関係からの切り離し	隔離・仲間外し・無視
④過大な要求	業務上明らかに不要なことや遂行不可能なことの強制・仕事の妨害
⑤過小な要求	業務上の合理性なく能力や経験とかけ離れた程度の低い仕事を命じることや仕事を与えないこと
⑥個の侵害	私的なことに過度に立ち入ること

Q04 「身体的な攻撃」や「精神的な攻撃」とはどんなことですか?

A パワハラ6類型のうち、「身体的な攻撃」とは、殴打、足蹴り、物を投げつけるなどの暴力的な行為(暴行・傷害)のことです。また、「精神的な攻撃」とは、脅迫・名誉棄損・侮辱・ひどい暴言などのことです。

パワハラに当たるかどうかのポイント

ここから、パワハラの代表的な6類型を1つひとつ見ていきましょう。前に見たとおり、これら6つの類型は限定列挙されたものではなく、これら以外の言動もパワハラに当たる可能性はありますが、パワハラに当たるかどうか、それらの何がいけなかったのかを考えるには、やはり行為を分類しておくことは有意義といえるでしょう。

そして、パワハラの構成要素である「①優越的な関係を背景とした言動」であって、「②業務上必要かつ相当な範囲を超えたもの」により、「③労働者の就業環境が害されるもの」については、争いとなる以上は、①や③については明確なケースが多く、「②業務上必要かつ相当な範囲を超えたもの」であるかどうかが、主にポイントになってきます。要は、「指導」であったのか、そうではないのかです。

「身体的攻撃」の具体例

パワハラ指針では、パワハラ類型の1つひとつに「該当する例」「該当しない例」を示しています。「身体的な攻撃」については、次のように示しています。

パワハラ指針

（該当すると考えられる例）

・殴打、足蹴りを行うこと。

・相手に物を投げつけること。

（該当しないと考えられる例）

・誤ってぶつかること。

「殴打、足蹴り」のような暴力は当然ですが、「物を投げつける」ようなことも身体的な攻撃に当たるとしています。一方で、「誤ってぶつかる」などは、結果として「怪我をさせる」ことになっても、パワハラではないとしています。

では、これらが「業務上必要かつ相当な範囲を超えたもの」であるかどうかですが、業務上、部下を殴ったり、蹴ったりすることが必要のないことは明らかです。

こんな裁判例がある！

●日本ファンド（パワハラ）事件（東京地裁判決・平成22年7月27日）

消費者金融会社に勤務していた従業員３名が、上司と会社に対し、パワハラによる損害賠償を請求しています。

判決によると、被告上司は、何ら正当な理由もないまま、その場の怒りにまかせて原告Ｃの背中を殴打し、また面談中に叱責しながらＣの膝を足の裏で蹴ったりしています。これについては、違法な暴行として不法行為に該当すると認定されています。

また、被告上司は、喫煙者である原告Ａ・Ｂの臭いが自分の持病に悪影響を及ぼすと考え、臭いを拡散させるために、扇風機を原告Ａ・Ｂの席の近くに置き、風が直接両名に当たるよう向きを固定した上で、時には「強風」の設定で扇風機を回し、原告Ａ・Ｂに扇風機の風を当て続けました。原告Ａ・Ｂに対し不快感を与え、著しく大きな精神苦痛を与えたとして、不法行為に当たると判示されました。慰謝料として10万円〜60万円の支払いを命じています。

●アジア航測事件（大阪地裁判決・平成13年11月９日）

Ｙ社の女性社員Ｘは、同じ課に所属する男性社員乙から殴打され、顔面挫創、頸椎捻挫の傷害を負わされ、またその後、頸部・腰部痛や手足のしびれなどがあるとして、慰謝料や治療費等の損害賠償をＹ社および男性社員乙に求めた事件です。

男性社員乙は、日頃から意見を押し付けられることなどから女性社員Ｘに不満を抱いていたそうです。ある日、課の印刷機のトナーを発注するように女性社員Ｘから命令口調で言われ、「いつも指図するな」などと口論になり、激高し、暴行に至っています。

その後、Ｘの治療が長期化したことなどから、Ｙ社とも解雇などの争いになっています。判決では、解雇については権利の乱用として無効とされましたが、その間の賃金の請求については働ける状態でなかったことから認めませんでした。

使用者責任については、Ｙ社における備品管理の業務分担に密接に関わるものであること、業務指示の在り方という業務に起因したものであることから、Ｙ社に使用者責任があると判断され、男性社員乙と連帯して損害賠償責任を負うものと判示しました。

損害賠償については、治療費の６割および慰謝料として60万円の支払いを命じています。

どのように業務指導をするべきか

当たり前のことですが、業務の指導の上で、部下を殴ったり、蹴ったり、物を投げつけるようなことは、全く必要のない行為です。もし、自分がそのような衝動に駆られたときは、心を落ち着けて強く自制してください。

「精神的攻撃」の具体例

パワハラ指針では、「精神的な攻撃」について次のように例示しています。

パワハラ指針

（該当すると考えられる例）

・人格を否定するような言動を行うこと。相手の性的指向・性自認に関する侮辱的な言動を行うことを含む。

・業務の遂行に関する必要以上に長時間にわたる厳しい叱責を繰り返し行うこと。

・他の労働者の面前における大声での威圧的な叱責を繰り返し行うこと。

・相手の能力を否定し、罵倒するような内容の電子メール等を当該相手を含む複数の労働者宛てに送信すること。

（該当しないと考えられる例）

・遅刻など社会的ルールを欠いた言動が見られ、再三注意してもそれが改善されない労働者に対して一定程度強く注意をすること。

・その企業の業務の内容や性質等に照らして重大な問題行動を行った労働者に対して、一定程度強く注意をすること。

「該当しないと考えられる例」のように、相手の問題となる言動の程度によっては、注意の程度も強くなるでしょう。しかし、この注意の強さの程度は、十分に考えなくてはなりません。

こんな裁判例がある!

●A保険会社上司（損害賠償）事件（東京高裁判決・平成17年4月20日）

Ａ社に勤務するＸの上司Ｙが、Ｘについて、「意欲がない、やる気がないなら、会社を辞めるべきだと思います」などと書いた電子メールを、Ｘとその職場の同僚に送信したことから、Ｘはこのメール送信が不法行為に当たるとして損害賠償を求めたものです。

判決では、その地位に見合った処理件数に到達するよう叱咤督促する趣旨であることは認めるものの、退職勧告とも、会社にとって不必要な人間であるとも受け取られる表現が盛り込まれており、控訴人の名誉感情をいたずらに毀損することは明らかであり、著しく相当性を欠くものであって、控訴人に対する不法行為を構成する、と判示し、慰謝料５万円の支払いを命じました。

本来であれば、今後の業務の進め方を引き出し、それを実践するかどうかを見ていくべきだったのでしょう。相手に恥をかかせるなどの言動は、正しい指導とはいえません。

●日能研関西ほか事件（大阪高裁判決・平成24年４月６日）

塾講師である原告が有給休暇取得を申請したところ、上司が「評価が下がる」などと発言して有給休暇取得を妨害したこと、総務部長や会社代表者らが上司の行為を擁護した発言などが不法行為に当たるとして、上司、総務部長、会社代表者、会社を相手取り損害賠償を求めました。

事件は、原告が１日間の有給休暇を申請したところ、被告上司は原告が同じ月の月末に３日間のリフレッシュ休暇を取得することから、「今月末にはリフレッシュ休暇をとる上に、６月６日まで有給をとるのでは、非常に心象が悪いと思いますが。」という内容の電子メールを送信しました。

また、被告総務部長は、部長、次長、課長、各教室の教室長が出席する会議において、被告上司の言動は理解できるなどと発言しています。

年次有給休暇の取得は労働者の権利であるところ、場合によっては**使用者側の時季変更権**も認められています。もちろん、多忙な時季などに労働者が取得しようとするときは、どうしても必要な休暇かどうかを確認するべきですが、上司の言い方によって問題になるのだということを考えておかなければなりません。

さらに、会社は、このようなトラブルに発展してきた段階で、速やかに解決に働きかける必要がありました。判決では、被告会社には職場環境整備義務違反があったとして、20万円の慰謝料の支払いを命じています。

どのように業務指導をするべきか

業務指導を行うに当たっては、「やる気がないから成績が出ない！」などのように、本人の意志や人格と業務指導の目的がリンクするように思われるかもしれません。つまり、根性から鍛え直そうといったことでしょう。しかし、指導は、業務の結果がよくなるよう行うのであって、相手を傷つけるためではありません。多くの場合、行き過ぎた言動は、傷つけるだけで成長にはつながらないのです。

やり方の間違いなどを指摘し、どうすれば、業務がうまくできるようになるかを教えてあげればよいはずです。

パワハラ指針が示したポイントをもう一度見ておきましょう。

「人格を否定するような言動」「長時間にわたる厳しい叱責」「他の労働者の面前における大声での威圧的な叱責」「罵倒するような内容の電子メール等を複数の労働者宛てに送信」などが、パワハラに該当する可能性があるものです。これらは業務指導において、やってはならないものとして社内で徹底しておきましょう。

パワハラの6類型③

Q 05 「人間関係からの切り離し」とはどんなことですか?

A 人間関係からの切り離し」とは、他の人から隔離したり、仲間外し、無視したりすることです。

「人間関係からの切り離し」の具体例

パワハラ指針では、「人間関係からの切り離し」について次のように例示しています。

パワハラ指針

（該当すると考えられる例）

・自身の意に沿わない労働者対して、仕事を外し、長期間にわたり、別室に隔離したり、自宅研修させたりすること。

・一人の労働者に対して同僚が集団で無視をし、職場で孤立させること。

（該当しないと考えられる例）

・新規に採用した労働者を育成するために短期間集中的に別室で研修等の教育を実施すること。

・懲戒処分に基づき処分を受けた労働者に対し、通常の業務に復帰させるために、その前に、一時的に別室で必要な研修を受けさせること。

該当しないと考えられる例は、正当な理由のある場合の個室研修などです。一見、正当な理由があるように装っても、通常は行っていないようなケースでは、裁判などでは辞めさせることが目的であると見破られてしまうことでしょう。

こんな裁判例がある!

●松蔭学園事件（東京高裁判決・平成５年11月12日）

女性教諭Ｘが組合員であることなどを理由に、長年に渡り、授業・担任等の仕事外し、職員室内での隔離、仕事を与えられないなどしたことを、業務命令権の濫用であり、人格権等を侵害する不法行為であるとして慰謝料を請求したものです。

判決では、業務命令により指示できる範囲であったとしても、不当な動機や目的で発せられ、その結果が労働者に対して通常感受すべき程度を著しくこえる不利益を与える場合、業務命令権の濫用として無効であるとし、600万円の損害賠償を命じています。

どのように業務指導をするべきか

会社として、辞めさせたい社員に対し、同僚などから隔離した職場を与えたり、仕事を与えないなどの人間関係からの切り離しが行われることがあります。しかし、このような「職場いじめ」とされるような方法は、かえって労働者に会社への反発を引き起こし、会社を批判させる材料を与えることになります。

会社は、正しい業務指導を根気よく行うことで、パワハラなどと批判されないように注意しなければなりません。

パワハラの6類型④⑤

Q06 「過大な要求」や「過少な要求」とはどんなことですか?

A 「過大な要求」とは、業務上明らかに不要なことや遂行不可能なことの強制、仕事の妨害などのことです。

「過小な要求」とは、業務上の合理性なく能力や経験とかけ離れた程度の低い仕事を命じることや、仕事を与えないことなどです。

「過大な要求」の具体例

パワハラ指針では、過大な要求について次のように例示しています。

パワハラ指針

(該当すると考えられる例)

- 長期間にわたる、肉体的苦痛を伴う過酷な環境下での勤務に直接関係のない作業を命ずること。
- 新卒採用者に対し、必要な教育を行わないまま到底対応できないレベルの業績目標を課し、達成できなかったことに対し厳しく叱責すること。
- 労働者に業務とは関係のない私的な雑用の処理を強制的に行わせること。

(該当しないと考えられる例)

- 労働者を育成するために、現状よりも少し高いレベルの業務を任せること。
- 業務の繁忙期に、業務上の必要性から、当該業務の担当者に通常時よりも一定程度多い業務の処理を任せること。

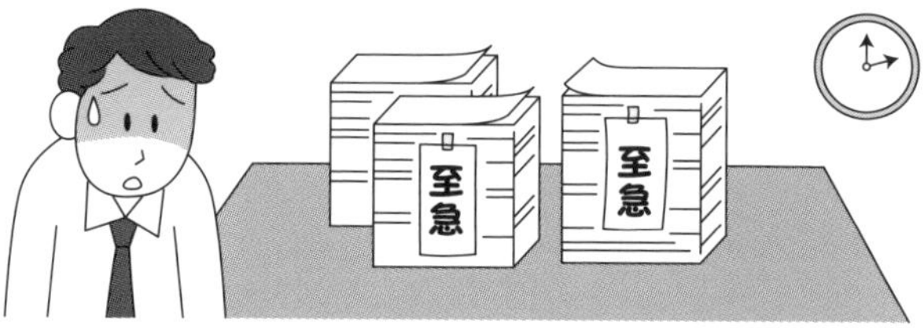

こんな裁判例がある！

●損害賠償請求事件（鹿児島地裁判決・平成26年3月12日）

精神疾患のある市立中学校の教員に対し、校長らがパワハラを行ったことが原因で精神疾患が増悪し、自殺したとして、県と市に対し遺族が損害賠償を求めた事件です。

元教員が精神疾患による病気休暇明け直後であるのに、校長らは、従来の音楽科および家庭科に加え、教員免許外科目である国語科を担当させ、業務量の増加により元教員の心理的負荷は過重になりました。

これらの業務量の増加などにより、元教員が心理的負荷を増大させ、パニック状態になりました。通常ではあり得ない精神状態の悪化を疑うべき兆候が現れており、元教員が何らかの精神疾患を有し、その状態が良好ではないことを認識し得るものでした。

また、元教員に過去に精神疾患による複数回の休職があり、当時も心療内科に通院中であったことを知っていたにもかかわらず、元校長らは、元教員の資質に問題があると考え、主治医に対する病状確認等をすることなく、県教育委員会等に対し、元教員には指導力が不足しているとの報告を行いました。結果的に元教員に対し、指導力向上特別研修の受講が命じられました。

判決では、校長ら、教育委員会、研修担当官らの行為は、元教員の精神疾患を増悪させる危険性の高い行為と認められ、元教員はその影響により正常な判断ができない状態で自殺したものとみるのが相当であり、一連の行為と元教員の精神疾患増悪および自殺との間に相当因果関係が認められると判示し、学校設置者である市および校長等の賃金を負担する県に対し、損害賠償として約4300万円の支払いを命じました。

どのように業務指導をするべきか

それぞれの労働者にどのような業務を行わせるかは、会社や管理職・上司の裁量の範囲内です。

また、本人の能力に対し、多少は難しい業務をさせることで成長を促すといったようなことも、必要なことでしょう。

しかし、本人の能力に対し、あまりにもかけ離れたことをさせれば大きな負担になります。本人がどのような精神状態で業務を行っているかを観察することも、上司の重要な役割といえます。

「過小な要求」の具体例

パワハラ指針では、「過小な要求」について次のように例示しています。

パワハラ指針

（該当すると考えられる例）

・管理職である労働者を退職させるため、誰でも遂行可能な業務を行わせること。

・気にいらない労働者に対して、嫌がらせのために仕事を与えないこと。

（該当しないと考えられる例）

・労働者の能力に応じて、一定程度業務内容や業務量を軽減すること。

こんな裁判例がある!

●神奈川中央交通(大和営業所)事件(横浜地裁判決・平成11年9月21日)

路線バスを駐車車両に接触させる事故を起こしたバスの運転士Xに対し、営業所所長Yが、①下車勤務として1ヶ月の営業所構内の除草作業を命じ、さらに、②乗車勤務復帰後に1ヶ月以上の添乗指導(指導運転士が同乗して、本人の運転状況等を指導すること)を受けることを命じたことにつき、当該運転士が、会社と営業所所長に対し、慰謝料の支払いを求めた事件です。

判決では、Xの不注意により事故の発生を認識しなかったことは否定できないため、YがXに下車勤務を命じたこと自体は違法ではないとしています。

しかし、Yの一存で、多数ある下車勤務の勤務形態の中から最も過酷な作業である炎天下における除草作業のみを選択し、Xが病気になっても仕方がないとの認識のもと、終日または午前あるいは午後一杯従事させたことは、Xに対する人権侵害の程度が非常に大きいとしています。

また、下車勤務の目的(安全な運転を行うことができないおそれがある運転士を一時的に乗車勤務から外し、その運転士に乗車勤務復帰後に安全な運転を行わせるという目的)からも大きく逸脱していると判示し、会社に対し、損害賠償として慰謝料60万円の支払いを命じました。

どのように業務指導をするべきか

社内には、ある程度の雑用は存在しますから、誰かが、そのような業務もこなさなければなりません。しかしながら、特定の人物にのみ「過小な業務」をさせることは避けるべきであり、どうしてもそうせざるを得ないのであれば、客観的に説明ができるようにしなければなりません。

パワハラの6類型⑥

Q07 「個の侵害」とはどんなことですか？

A パワハラ６類型の最後の「個の侵害」とは、私的なことに過度に立ち入ることです。

「個の侵害」の具体例

パワハラ指針では、「個の侵害」について次のように例示しています。

パワハラ指針

（該当すると考えられる例）

・労働者を職場外でも継続的に監視したり、私物の写真撮影をしたりすること。

・労働者の性的指向・性自認や病歴、不妊治療等の機微な個人情報について、当該労働者の了解を得ずに他の労働者に暴露すること。

（該当しないと考えられる例）

・労働者への配慮を目的として、労働者の家族の状況等についてヒアリングを行うこと。

・労働者の了解を得て、当該労働者の性的指向・性自認や病歴、不妊治療等の機微な個人情報について、必要な範囲で人事労務部門の担当者に伝達し、配慮を促すこと。

なお、パワハラ指針では、個の侵害に該当すると考えられる例の２つ目のような事例が生じることのないよう、こうした機微な個人情報に関してはその取扱いに十分留意をするよう労働者に周知・啓発することが重要であるとしています。

こんな裁判例がある！

●誠昇会北本共済病院事件（さいたま地裁判決・平成16年9月24日）

病院勤務のX（男性）が自殺したところ、遺族の両親がAおよびY病院に対し、いじめによってXが自殺に追い込まれたとして、民事損害賠償請求を提起した事件です。

XはY病院に入社し、看護師資格の取得を目指し看護専門学校に通学しながら准看護師として勤務していました。同病院には男性准看護師5名が勤務しており、Aが一番上の先輩で、Xが一番下の後輩でした。

男性准看護師の間では先輩の言動が絶対的とされ、一番先輩であるAが後輩を服従させる関係が継続しており、AからXに対し、次のようないじめや嫌がらせが行われていました。

①勤務時間終了後も、Aらの遊びに無理矢理付き合わされたり、Xの学校試験前に朝まで飲み会に参加させた。

②Aの肩もみ、家の掃除、車の洗車などの雑用を一方的に命じた。

③Aの個人的な用事のため車の送迎等を命じた。

④Xが交際している女性Bと勤務時間外に会おうとすると、Aから仕事だと偽り病院に呼び出しを受けたり、AがXの携帯電話を無断で使用しBにメールを送る等した。

判決では、Xが自殺を図るかもしれないことを予見することは可能であったと認めるのが相当であるとして、Aに対し慰謝料として1000万円の支払いを命じています。

また、後輩に対する職場でのいじめは従前から続いていたこと、Xに対するいじめは3年近くに及んでいることなど、Y病院はAらのXに対する本件いじめを認識することが可能であったにもかかわらず、これを認識していじめを防止する措置をとらなかった安全配慮義務違反の債務不履行があったと認め、Y病院に500万円の損害賠償を命じています。

どのように業務指導をするべきか

職場には人間関係が存在し、それらを良好に保つために多くの会社で懇親会などの配慮がなされます。しかし、プライバシーというものも重視すべきで、私生活への一定の配慮ができなければパワハラと批判されることになります。

Q08 事業主に義務付けられたパワハラ防止措置とはなんですか？

A 今回の法改正で「セクハラ」などと同様に、事業主にパワハラ防止の措置が義務付けられました。ただし、中小企業には猶予措置が設けられています。

施行日：令和２年６月１日　※中小事業主は令和４年３月31日まで努力義務

新設されたパワハラの防止義務

これまで、セクハラ、マタニティハラスメント（以下「マタハラ」といいます）については、均等法において事業主に一定の措置が義務付けられてきました。今回の法改正では、新たにパワハラについても、**事業主が雇用管理上講ずべき措置**が義務付けられることになりました。

事業主に求められているのは、パワハラについて、労働者からの相談に応じ、適切に対応するために必要な体制の整備、その他の雇用管理上必要な措置を講じなければならないことです（労働施策総合推進法30条の２第１項）。

パワハラについて雇用管理上構ずべき措置（概要）

①事業主の方針等の明確化およびその周知・啓発
②相談（苦情を含む）に応じ、適切に対応するために必要な体制の整備
③職場におけるパワーハラスメントに係る事後の迅速かつ適切な対応
④①から③までの措置と併せて講ずべき措置

具体的な措置はパワハラ指針で例示

事業主がパワーハラスメントを防止するために講ずべき措置については、具体的には、**パワハラ指針（令和２年１月15日・厚生労働省告示第５号）**

によって定められています（労働施策総合推進法30条の２第３項）。

基本的には、これまでの「セクハラ」「マタハラ」「育児介護」の３つの指針に示されているハラスメント防止措置と同じような内容となっていますが、パワハラ防止措置の検討などから巻末（82ページ以降）で見るとおり、パワハラの措置と同様にセクハラなどの既存の指針が改正されている部分もあります。

これらハラスメント毎の指針の措置の違いは、次のページの一覧で比較してください。これまでの「セクハラ」等の措置と異なり、パワハラ独自の措置もあります。詳しくは次項以降で順に解説します。

事業主、労働者の責務が明記される

今回の法改正の特徴として、事業主、労働者の責務が明記されたことがあります（労働施策総合推進法30条の３第１項～４項）。これは指針で補足されています。

事業主の責務は、自らも、パワハラ問題に対する関心と理解を深め、労働者に対する言動に必要な注意を払うように努めなければならない、というものです。

労働者の責務は、パワハラ問題に対する関心と理解を深め、他の労働者に対する言動に必要な注意を払うとともに、事業主の講ずる措置に協力するように努めなければならない、というものです。

一定の法令違反でハローワークの求人不可

ハローワークは原則として全ての求人を受理しなければなりませんが、一定の法令違反によって企業名の公表などの措置を受けた場合、その企業については受理しないことができる、としています（職安法５条の５第１項３号）。

パワハラに関するこれら事業主の雇用管理上の措置義務と、後述の労働者がハラスメント等に関する相談を行ったことなどを理由とした不利益取扱い禁止の規定に違反した場合について、ハローワークが求人申込みを受理しないことができる事由に追加されました（職安令１条）。

ハラスメント毎の「防止措置」の比較

概　要	内　容	パワハラ	セクハラ	マタハラ	育児・介護
①　方針等の明確化と周知・啓発	A. 行ってはならない旨の方針の明確化と周知・啓発	○	○	○	○
	B. 行為者への厳正な対処の方針・内容の規定化と周知・啓発	○	○	○	○
②　相談体制の整備	A. 相談窓口の設置と周知	○	○	○	○
	B. 相談窓口の担当者が適切に対応できるようにしておく	○	○	○	○
③　事後の迅速かつ適切な対応	A. 事実関係の迅速かつ正確な確認	○	○	○	○
	B. 被害者に対する適正な配慮の措置	○	○	○	○
	C. 行為者に対する適正な措置	○	○	○	○
	D. 再発防止措置	○	○	○	○
④　①～③までとあわせて講ずべき措置	A. 全相談者・行為者等のプライバシー保護のための措置の実施と周知	○	○	○	○
	B. 相談・協力等を理由とした不利益な取り扱いの禁止と周知・啓発	○	○	○	○
⑤　問題解決のため望ましい取り組み	A. 他のハラスメントとあわせて一元的に相談に対応できる体制の整備（望ましい）	○	○	○	○
	B①. ハラスメントの原因を解消するための措置 コミュニケーションの活性化や円滑化のための取り組み（望ましい）	○	－	○	○
	B②. ハラスメントの原因を解消するための措置 適正な業務目標の設定等の職場環境の改善のための取り組み（望ましい）	○	－	○	○
	C. アンケート等により運用状況の把握や見直しの検討（望ましい）	○	○	○	○
⑥　自ら雇用する労働者以外の者に対する言動	A. 個人事業主、インターンなど労働者以外の者に対しても言動に必要な注意を払う（望ましい）	○	○	○	－
	B. 就活中の学生など労働者以外の者に対しても同様の方針を明確化（望ましい）	○	○	○	－
⑦　他社の労働者からのパワハラや顧客からの迷惑行為について	A. 相談に応じ、適切に対応する体制の整備（望ましい）	○	－	－	－
	B. 被害者への配慮のための取り組み（望ましい）	○	－	－	－
	C. 被害を防止するための措置（望ましい）	○	－	－	－

Q 09

方針の明確化と周知・啓発

事業主はどんな方針を会社で周知すればよいですか?

A 事業主は、職場におけるパワハラを「行ってはならない旨」「行った者に厳正に対処する旨」の方針を明確化し、労働者にその方針の周知・啓発をしなければなりません。

パワハラを行ってはならない旨の方針の明確化

パワハラ指針で周知すべきとされている方針等は、2つあります。1つは、「職場におけるパワハラを行ってはならない旨」の方針を明確化し、管理監督者を含む労働者に周知・啓発することです。

どのようなものがパワハラなのかは、Q3～Q7を参考にしてください。パワハラを「行ってはならない旨」の方針を示すことは、少なからず自らの言動を正当化している人に、会社としての方針を伝えることになります。例えば、「自分は会社のためにやっているんだ!」と思っている人もいるでしょう。

なお、周知・啓発に当たっては、職場におけるパワーハラスメントの防止の効果を高めるため、**その発生の原因や背景について労働者の理解を深めることが重要**だとされています。単に就業規則に規定するだけでは、積極的に防止することは難しいでしょう。やはり、パンフレットの配布やポスターの掲示、研修など、いくつもの方法を実施していくべきでしょう。

パワハラ指針

（事業主の方針等を明確化し、労働者に周知・啓発していると認められる例）

①就業規則その他の職場における服務規律等を定めた文書において、職場におけるパワーハラスメントを行ってはならない旨の方針を規定し、当該規定と併せて、職場におけるパワーハラスメントの内容およびその発生の原因や背景を労働者に周知・啓発すること。

②社内報、パンフレット、社内ホームページ等広報または啓発のための資料等に職場におけるパワーハラスメントの内容およびその発生の原因や背景並びに職場におけるパワーハラスメントを行ってはならない旨の方針を記載し、配布等すること。

③職場におけるパワーハラスメントの内容およびその発生の原因や背景並びに職場におけるパワーハラスメントを行ってはならない旨の方針を労働者に対して周知・啓発するための研修、講習等を実施すること。

厳正に対処する旨の方針の明確化

次に、職場におけるパワーハラスメントに係る言動を行った者については、「**厳正に対処する旨**」の方針と「**対処の内容**」を就業規則その他の職場における服務規律等を定めた文書に規定し、管理監督者を含む労働者に周知・啓発することです。

パワハラ指針

（対処方針を定め、労働者に周知・啓発していると認められる例）

①就業規則その他の職場における服務規律等を定めた文書において、職場におけるパワーハラスメントに係る言動を行った者に対する懲戒規定を定め、その内容を労働者に周知・啓発すること。

②職場におけるパワーハラスメントに係る言動を行った者は、現行の就業規則その他の職場における服務規律等を定めた文書において定められている懲戒規定の適用の対象となる旨を明確化し、これを労働者に周知・啓発すること。

就業規則のパワハラ禁止の規定例

前述のパワハラ関係の方針の周知の１つとして、就業規則の服務規律等への規定例を紹介しておきます。

パワハラに関する規定例

服務規律の規定例

（パワハラの禁止）

第○条　社員は、業務上の立場の優位性に基づき、業務の適正な範囲を超えて、他の社員に身体的・精神的な苦痛を与える行為または就業環境を害する行為（パワー・ハラスメント）を行ってはならない。これら禁止される行為とは次に掲げるものなどをいう。

①身体的な攻撃（殴打、足蹴りなど）
②精神的な攻撃（人格を否定するような発言など）
③人間関係の切り離し（職場で孤立させたり、仕事を外したり、別室に隔離するなど）
④過大な要求（過酷な環境での勤務、およそ本人に適さない困難な業務など）
⑤過小な要求（退職に追い込むなどの目的で極端に簡単な作業を長期間行わせるなど）
⑥個の侵害（プライベートなことへの詮索・監視など）

（上司の責務）

第○条　上司は、自らハラスメントの行為者とならないよう注意するとともに、部下が第○条から第○条（セクハラ、マタハラ等）に定めるハラスメントを受けている事実を知りながら、これを黙認してはならない。また、自ら解決に努めるとともに、悪質な行為と判断したときは、直ちに会社へ報告しなければならない。

（ハラスメントの相談）

第〇条　第〇条から第〇条に定める行為を受けた社員は、総務部に相談・苦情を申し出ることができる。

2.　会社は、前項の相談・苦情への対応に当たって、関係者のプライバシーを保護するとともに、相談をしたことや事実関係の確認に協力したことなどを理由として不利益な取り扱いは行わない。

3.　会社は、ハラスメント事案が生じたときは、すみやかに解決に努めるとともに、事案発生の原因を分析し、必要な研修の実施などにより再発防止に努めるものとする。

懲戒の規定例

（懲戒事由）

第〇条　会社は、社員が次の各号のいずれかに該当するときは、前条に定める懲戒処分とする。

（中略）

⑯第〇条～〇条に定めるハラスメント等の行為をしたとき

あらためて「セクハラ」等の規定例も検討される場合は、59ページの各ハラスメントの規定例を参考にしてください。

相談窓口の周知など相談体制の整備

Q10 社内のパワハラ相談体制の整備はどうすればよいですか?

A 事業主は、相談窓口をあらかじめ定め、労働者に周知し、労働者からの相談に対し適切に対応できるようにしなければなりません。そのため自社の実情に応じて、担当者を定めるなどし、場合によっては外部機関への対応の委託なども検討してください。

相談体制の整備とは?

パワハラ指針では、事業主は相談窓口をあらかじめ定め、労働者に周知しなければならない、としています。外部機関への委託もその方法の中の1つです。

パワハラ指針

(相談窓口をあらかじめ定めていると認められる例)

①相談に対応する担当者をあらかじめ定めること。

②相談に対応するための制度を設けること。

③外部の機関に相談への対応を委託すること。

相談窓口の担当者になったら?

相談窓口の担当者が、相談内容や状況に応じ適切に対応できるようにすることも求められています。

また、パワハラ指針では、被害者が萎縮するなどして相談を躊躇する例もあることなども踏まえて、相談者の心身の状況や認識にも配慮しながら、パワハラが現実に起きている場合だけでなく、発生のおそれがある場合や、パワハラに該当するか否か微妙な場合であっても、広く相談に対応し適切な対応を行うように、としています。

パワハラ指針では、次のように適切な対応を例示しています。

パワハラ指針

（相談窓口の担当者が適切に対応することができるようにしていると認められる例）

①相談窓口の担当者が相談を受けた場合、その内容や状況に応じて、相談窓口の担当者と人事部門とが連携を図ることができる仕組みとすること。

②相談窓口の担当者が相談を受けた場合、あらかじめ作成した留意点などを記載したマニュアルに基づき対応すること。

③相談窓口の担当者に対し、相談を受けた場合の対応についての研修を行うこと。

相談窓口の具体的な運営については、Q 19で補足しています。参考にしてください。

事実関係の迅速・正確な確認と適切な対応

Q11 パワハラの相談があったらどんなことに注意して対応すればよいですか？

A 事業主は、パワハラについて相談の申し出があった場合、迅速かつ適切な対応をし、もし事実が確認できれば、被害者および行為者への適正な対応をし、さらに再発防止の措置を講じなければなりません。

パワハラ事後の迅速かつ適切な対応

パワハラ指針は、パワハラが発生した場合、**事実関係を迅速かつ正確に確認する**こと、としています。対応が遅れては事態を悪化させてしまいます。また、事実を正確に確認しなければ、誤った判断・対応をしてしまうことにもなりかねません。

パワハラ指針

（事案に係る事実関係を迅速かつ正確に確認していると認められる例）

①相談窓口の担当者、人事部門または専門の委員会等が、相談者および行為者の双方から事実関係を確認すること。その際、相談者の心身の状況や当該言動が行われた際の受け止めなどその認識にも適切に配慮すること。また、相談者と行為者との間で事実関係に関する主張に不一致があり、事実の確認が十分にできないと認められる場合には、第三者からも事実関係を聴取する等の措置を講ずること。

②事実関係を迅速かつ正確に確認しようとしたが、確認が困難な場合などにおいて、調停（52ページ参照）の申請を行うことその他中立な第三者機関に紛争処理を委ねること。

事実確認後の速やかな対応

職場におけるパワーハラスメントが生じた事実が確認できた場合、速やかに被害者に対する配慮のための措置を適正に行うこととしています。次の事例のように、速やかに謝罪や配置転換の対応をすれば問題が大きくならないかもしれません。

パワハラ指針

（措置を適正に行っていると認められる例）

①事案の内容や状況に応じ、被害者と行為者の間の関係改善に向けての援助、被害者と行為者を引き離すための配置転換、行為者の謝罪、被害者の労働条件上の不利益の回復、管理監督者または事業場内産業保健スタッフ等による被害者のメンタルヘルス不調への相談対応等の措置を講ずること。

②調停その他中立な第三者機関の紛争解決案に従った措置を被害者に対して講ずること。

行為者への適正な対応

パワハラが生じた事実が確認できた場合、行為者に対する措置を適正に行うこととしています。

よく、営業部長など会社を支えている主要人物は、人事部長よりも発言力があって、社長でさえも懲戒処分に躊躇するといったことがあります。しかし、そのような適正さに欠けるようでは、被害者は会社を訴えるなどの行動をとらざるを得なくなります。

パワハラ指針

（措置を適正に行っていると認められる例）

①就業規則その他の職場における服務規律等を定めた文書における職場におけるパワーハラスメントに関する規定等に基づき、行為者に対して必要な懲戒その他の措置を講ずること。あわせて、事案の内容や状況に応じ、被害者と行為者の間の関係改善に向けての援助、被害者と行為者を引き離すための配置転換、行為者の謝罪等の措置を講ずること。

②調停その他中立な第三者機関の紛争解決案に従った措置を行為者に対して講ずること。

再発防止策を講じる

改めて職場におけるパワハラに関する方針を周知・啓発するなどの再発防止に向けた措置を講ずること、としています。事件が起きてしまったのは、これまでの会社の取り組みが不十分だったと考えられるからです。

なお指針は、職場におけるパワハラが生じた事実が確認できなかった場合も同様の措置を講ずることとしています。

パワハラ指針

（再発防止に向けた措置を講じていると認められる例）

①職場におけるパワーハラスメントを行ってはならない旨の方針および職場におけるパワーハラスメントに係る言動を行った者について厳正に対処する旨の方針を、社内報、パンフレット、社内ホームページ等広報または啓発のための資料等に改めて掲載し、配布等すること。

②労働者に対して職場におけるパワーハラスメントに関する意識を啓発するための研修、講習等を改めて実施すること。

パワハラ相談があったときの対応の流れ

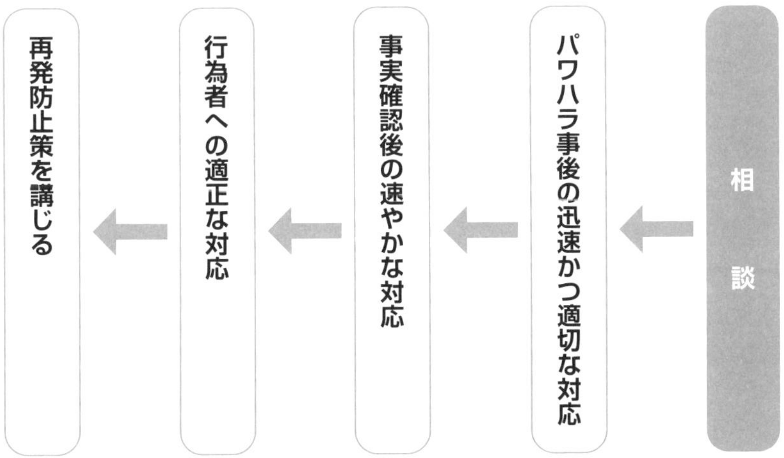

プライバシー保護と不利益取扱いの禁止

Q12 相談者や行為者のプライバシーにはどう配慮すればよいですか？

A パワハラ指針では、相談者・行為者等のプライバシー保護と、パワハラの相談をしたことなどから労働者へ不利益な取扱いをしない旨を周知するよう求めています。

相談者・行為者等のプライバシーの保護

パワハラ指針では、前述のＱ９からQ11までの措置を講ずるに際して、併せて２つの措置を講じるよう求めています。

まず、パワハラの相談者・行為者などの情報はプライバシーに属するものであることから、相談への対応や事後確認の対応などに当たっては、相談者などのプライバシーを保護するために必要な措置を講じるとともに、その旨を労働者に対して周知することとしています。

パワハラ指針

（相談者・行為者等のプライバシーを保護するために必要な措置を講じていると認められる例）

①相談者・行為者等のプライバシーの保護のために必要な事項をあらかじめマニュアルに定め、相談窓口の担当者が相談を受けた際には、当該マニュアルに基づき対応するものとすること。

②相談者・行為者等のプライバシーの保護のために、相談窓口の担当者に必要な研修を行うこと。

③相談窓口においては相談者・行為者等のプライバシーを保護するために必要な措置を講じていることを、社内報、パンフレット、社内ホームページ等広報または啓発のための資料等に掲載し、配布等すること。

パワハラの相談者等への不利益取扱いの禁止

法律では、パワハラに関する次のような理由について、労働者に対し解雇その他の不利益な取扱いを禁止しています。

○パワハラ相談、事業主の事実確認に協力したことへの不利益取扱い禁止（労働施策総合推進法30条の２第２項）
○都道府県労働局に対して相談、紛争解決の援助を求めたことへの不利益取扱い禁止（同法30条の５第２項）
○調停の申請を行ったこと、調停の出頭の求めに応じたことへの不利益取扱い禁止（同法30条の６第２項）

これらの規定を踏まえ、労働者がパワハラの相談等を躊躇することのないように、これらを理由として解雇その他の不利益な取扱いをされない旨を定め、労働者に周知・啓発することとしています。

パワハラ指針

（不利益な取扱いをされない旨を定め、労働者にその周知・啓発することについて措置を講じていると認められる例）

①就業規則その他の職場における服務規律等を定めた文書において、パワーハラスメントの相談等を理由として、労働者が解雇等の不利益な取扱いをされない旨を規定し、労働者に周知・啓発をすること。

②社内報、パンフレット、社内ホームページ等広報または啓発のための資料等に、パワーハラスメントの相談等を理由として、労働者が解雇等の不利益な取扱いをされない旨を記載し、労働者に配布等すること。

ハラスメント全般の一元的相談体制など

Q13 パワハラ防止でより積極的に取り組む場合望ましい措置はなんですか?

A パワハラ指針では、パワハラ防止措置を実施するに当たり、他のハラスメントと一元的に相談に応じるなど、望ましい取り組みをあげています。より積極的に取り組む場合はこれらも実施しましょう。

他のハラスメントと一元的に相談に応じる

事業主はパワハラ防止のために、相談窓口(Q1・Q10)を設置する場合に、**パワハラはセクハラ、マタハラ、育児介護ハラ、その他のハラスメントと複合的に生じることも想定される**ことから、これらハラスメントの相談窓口と一体的に設置し、**一元的に相談に応じることのできる体制を整備する**ことが望ましいとしています。

パワハラ指針

(一元的に相談に応じることのできる体制の例)

①相談窓口で受け付けることのできる相談として、職場におけるパワーハラスメントのみならず、セクシュアルハラスメント等も明示すること。

②職場におけるパワーハラスメントの相談窓口がセクシュアルハラスメント等の相談窓口を兼ねること。

パワハラの原因・背景の要因を解消する取り組み

パワハラ防止の取り組みを行うに当たって、労働者のコミュニケーション能力の向上など、上司と部下などが一緒に働く上での基本的な部分についても、次のような取り組みが必要としています。

まず、コミュニケーションの活性化や円滑化のために、研修などの必要な取り組みを行うべきとしています。

パワハラ指針

（コミュニケーションの活性化や円滑化のために必要な取組例）

①日常的なコミュニケーションを取るよう努めることや定期的に面談やミーティングを行うことにより、風通しの良い職場環境や互いに助け合える労働者同士の信頼関係を築き、コミュニケーションの活性化を図ること。

②感情をコントロールする手法についての研修、コミュニケーションスキルアップについての研修、マネジメントや指導についての研修等の実施や資料の配布等により、労働者が感情をコントロールする能力やコミュニケーションを円滑に進める能力等の向上を図ること。

次に、適正な業務目標の設定等の職場環境の改善のための取り組みを行うことが必要だとしています。

パワハラ指針

（職場環境の改善のための取組例）

①適正な業務目標の設定や適正な業務体制の整備、業務の効率化による過剰な長時間労働の是正等を通じて、労働者に過度に肉体的・精神的負荷を強いる職場環境や組織風土を改善すること。

事業主は、ここまで説明してきたパワハラ防止の雇用管理上の措置を講じるに当たり、労働者や労働組合なども参加して、「アンケート調査」や「意見交換」などを実施することで、措置の運用状況を把握し、必要な見直しを検討するよう努めることが重要だとしています。

雇用労働者以外の者の言動にも注意

Q14 取引先からのパワハラや顧客のクレームにどう対処すればよいですか？

A パワハラ指針では、インターンシップの者など雇用する労働者以外の者へのパワハラ、あるいはクレーマーなど顧客から労働者へのハラスメントなどに対しても、取り組むべき内容を示しています。

インターンシップなど自社で雇用する者以外へのパワハラ

パワハラ指針では、事業主は、個人事業主、インターンシップを行っている者など、自らの雇用する労働者以外の者に対する言動についても、パワハラと受け止められることがないように、必要な注意を払うよう努めることが望ましい、としています。

また実際に、これらの者からパワハラ相談があった場合、雇用する労働者と同様に、必要に応じて適切な対応を行うように努めることが望ましいとしています。

取引先からのパワハラ、顧客等からの迷惑行為への取り組み

事業主は、取引先など他社の労働者や役員などからパワハラがあった場合、あるいは顧客等からの著しい迷惑行為（暴行、脅迫、ひどい暴言、著しく不当な要求等）によって、労働者の就業環境が害されることのないよう、次のような取り組みを行うことが望ましい、としています。

①相談体制の整備

事業主は、他社の労働者などからのパワハラ等については、次の取り組みを行うことが望ましい。

・相談先（上司、職場内の担当者等）をあらかじめ定め、労働者に周知すること。

・相談を受けた者が、相談内容や状況に応じ適切に対応できるようにすること。

②被害者への配慮のための取り組み

事業主は、相談者から事実関係を確認し、速やかに被害者に対する配慮のための取り組みを行うことが望ましい。

パワハラ指針

（被害者への配慮のための取組例）

事案の内容や状況に応じ、被害者のメンタルヘルス不調への相談対応、著しい迷惑行為を行った者に対する対応が必要な場合に一人で対応させない等の取組を行うこと。

③クレーマーなどへの対応マニュアルの作成

事業主は、他社の労働者からのパワハラ、顧客等からの著しい迷惑行為への対応に関するマニュアルの作成、研修の実施などの取り組みを行うことも有効であるとしています。

援助・調停・あっせん

Q15 パワハラが労使紛争になったら解決にはどうすればよいですか？

A パワハラに関する労使の紛争については、法改正により、都道府県労働局長が助言、指導、勧告などにより援助するほか、調停を利用できるようなります。

さらに、厚生労働大臣による助言、指導、勧告や、悪質な場合の企業名の公表、罰則なども設けられています。

施行日：令和２年６月１日　※中小事業主は令和４年３月31日まで対象外

都道府県労働局長による援助

都道府県労働局長は、パワハラについて労使で紛争になった場合、**紛争当事者に対し必要な助言、指導または勧告をすることができる**こととされました（労働施策総合推進法30条の５第１項）。

この援助は、紛争の当事者から解決について援助を求められたときですが、いずれか一方からの求めでかまいません。

なお、労働者がこの援助を求めたことについて、不利益な取扱いをすることは禁止されています（同法30条の５第２項）。

調停の利用

都道府県労働局長は、パワハラ紛争について、紛争の解決のために必要があると認めるときは、「**個別労働関係紛争の解決の促進に関する法律**」により**紛争調整委員会に調停を行わせる**ものとされました（労働施策総合推進法30条の６第１項）。

調停は、被害者、行為者、事業主などの当事者に話し合いの機会を与えて、解決を促すものです。その結果、**合意に至った場合は民法上の和解と同じ効力**があります。要は、他に貸し借りなしという契約を結ぶことになります。

調停は、紛争の当事者から申請があった場合に行われますが、**いずれか一方からの申請**で足ります。

ところで、同じような制度として「**あっせん**」があります。紛争内容としては、あっせんの方が争点の少ないものに適しており、調停の方が争点の複雑なものに適しています。解決方法の大きな違いとしては、**調停は紛争調整委員会が「調停案」の受諾を当事者双方に勧告**することができます。

これに応じなければ調停は終了となりますが、公平な第三者による解決方法の提示は問題解決の心強い後押しとなるでしょう。速やかな解決を双方が望んでいれば受託され、紛争解決となります。

なお、労働者がこの調停の申請をしたことについて、不利益な取扱いをすることは禁止されています（労働施策総合推進法30条の6第2項）。

調停の流れ

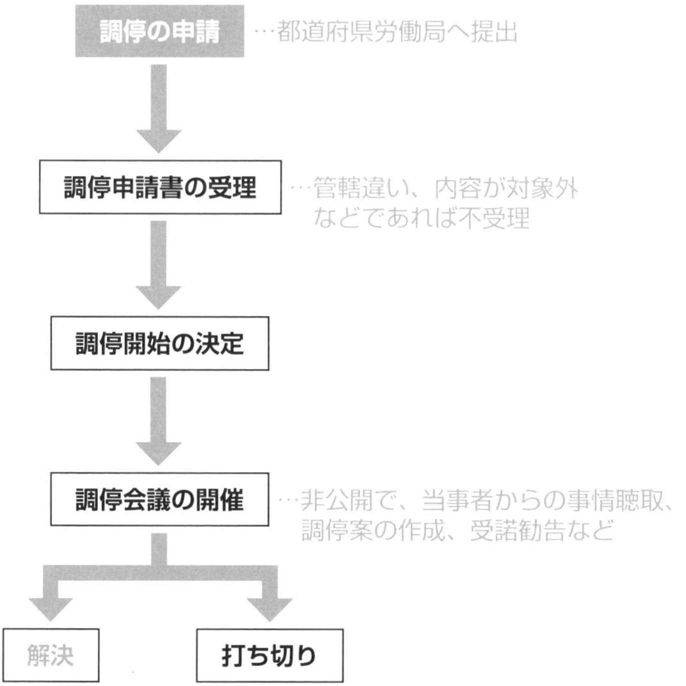

悪質な場合の国による罰則等

本来、軽微なパワハラであれば、民事的に当事者の話し合いや民事訴訟などで解決すればよいのですが、法律に定める事業主の責任を果たしていない可能性があるとすると、行政としては指導を行う必要が出てきます。

そこで厚生労働大臣は、事業主から、本法律に関し必要な資料の提出を求めたり（労働施策総合推進法35条）、パワハラ防止に必要な雇用管理上の措置（Ｑ８）およびパワハラへの相談者や相談対応への協力者に不利益な取扱いをしていないか、必要な報告を求めることができる、としています（同法36条１項）。

そして必要があると認めるときは、助言、指導、勧告などをすることができます（同法33条１項）。

勧告については、勧告に従わなかった場合に企業名の公表もできることとなっています（同法33条２項）。

また、前述の報告をしなかったり、虚偽の報告をした者には、罰則（20万円以下の過料）も設けられています（同法41条）。

第2章

セクハラ・マタハラなどの防止対策の強化

複合的に起こる職場のハラスメント

Q16 セクハラ、マタハラ、育児介護ハラなどの諸問題を教えてください?

A 職場におけるハラスメントには、性的な言動に起因する問題である「セクハラ」、妊娠、出産等に関する言動に起因する問題である「マタハラ」、育児介護休業その他の制度等の利用について就業環境が害される「育児介護ハラ」などがあります。

職場のハラスメント

パワハラ以外にも、以前より、様々な職場におけるハラスメントが問題となっていました。代表的なものが、「セクハラ」「マタハラ」「育児介護ハラ（育児介護に関するハラスメント）」です。

これらは、パワハラに先駆けてそれぞれの**指針（厚生労働省告示―巻末資料参照）**などによって定義され、どのような言動が該当するのかが示されています。

セクシュアルハラスメントとは?

まず、セクハラについて確認しておきましょう。セクハラは、「職場における性的な言動に起因する問題」と定義されますが、大きくは次の２つに分類されます。

●対価型セクハラ

性的な言動に対する労働者の対応により、労働者が不利益を受けるもの（例えば、上司がデートに誘ったところ、断った部下が解雇、降格、減給などの不利益を受けるもの）。

●環境型セクハラ

性的な言動により労働者の就業環境が害されるもの（例えば、ヌードポスターなどを職場に貼る者がいて、他の女性労働者が不快に思うなど）。

なお、セクハラは「職場における」ものと定義されますが、労働者が通常就業している場所以外であっても、業務を遂行する場所であれば職場に含まれます。例えば、「取引先の事業所」「取引先と打合せをする飲食店」なども含まれます。

マタニティハラスメントとは?

マタハラとは、「職場における妊娠、出産等に関する言動に起因する問題」と定義されています。

●制度等の利用への嫌がらせ型

女性労働者が産前産後休業その他の妊娠や出産に関する制度を利用することの言動により、就業環境が害されるもの（例えば、女性労働者が産前産後休業などの制度の利用を請求したいと上司に相談したところ、上司が女性労働者に対し解雇などの不利益な取扱いを示唆すること）。

●状態への嫌がらせ型

女性労働者が妊娠したこと、出産したことその他の妊娠や出産に関する言動により就業環境が害されるもの（例えば、妊娠した女性労働者に、「ひんぱんに休まれて迷惑だ」などと、上司や同僚などから言動を受けるなど）。

育児介護休業ハラスメントとは?

育児介護ハラとは、育児休業、介護休業、その他「育児介護休業法」に定める制度等を利用する、または利用しようとする言動により就業環境が害されるものをいいます（例えば、育児休業を取得しようとする女性管理職について管理職の職をはずすなど）。

既存の各ハラスメント指針も改正

Q17 セクハラ、マタハラ、育児介護ハラの防止指針も改正されるのですか？

A 審議会で新たなパワハラの防止指針が検討される中で、既存のハラスメントの防止指針も見直されました。改正事項については、基本的に「セクハラ」「マタハラ」「育児介護ハラ」で同様のものとなっています（一部異なります）。詳しくは巻末を参照してください。

施行日：令和2年6月1日

「セクハラ」など指針の改正

「セクハラ」「マタハラ」「育児介護ハラ」の指針について、主な改正内容を見ていきましょう。

なお、事業主の講じるそれぞれのハラスメント毎の雇用管理上の措置の違いは、36ページで一覧にしてあります。

労働者には派遣労働者も含まれる

ハラスメントを防止すべき（不利益な取扱い禁止も含まれます）労働者に、**派遣労働者も含まれることが明記**されました。派遣労働者は、派遣元事業主に雇用されていますから、当然、法令の対象となるのは派遣元事業主です。ただし、指揮命令される派遣先の事業主についても、雇用関係のある事業主とみなして対象となる旨が示されています。

「事業主」「労働者」の責務の明確化、不利益取扱いの禁止

事業主と労働者の責務が明記されました。以下、いずれも「ハラスメント」を「セクハラ」などと読み替えれば、同様にそれぞれの指針で示す内容になります。

事業主の責務とは、①ハラスメントを行ってはならないことを雇用する労働者の関心と理解を深めるためなどから研修を実施するなど、②自らも

ハラスメント問題に対する関心と理解を深め、他の労働者に対する言動に注意を払うこと、です。

労働者の責務とは、①自らもハラスメント問題に対する関心と理解を深め、他の労働者に対する言動に注意を払うこと、②事業主の講じる措置に協力すること、です。

また、ハラスメントに関する相談を行ったこと、都道府県労働局へ相談したことなどを理由に、解雇その他の不利益な取扱いをしないよう、その旨を定め労働者に周知することなどが示されました。

行為者が他社の労働者の場合

ハラスメントの行為者が、取引先など他社の労働者であった場合も盛り込まれました。この場合、事実関係の確認や再発防止措置に他社の事業主に協力を求めることとしています。

逆に、自社の労働者が他社の労働者にハラスメントを行った場合に、他社の事業主から対応を求められたときは、再発防止措置などへの協力に努めるものとなっています。

一元的に相談に応じる窓口の設置

ハラスメントは、セクハラ、パワハラなどいくつかが複合的に生じることもあることから、**相談窓口で一元的に相談に応じられることが望ましい**とされました。

セクハラ、マタハラ等の規定例

服務規律の規定例

（セクシュアルハラスメントの禁止）

第○条　社員は職務に関連しまたは職場において、次に掲げる性的言動等（セクシュアルハラスメント）を行ってはならない。

①性的言動（性的冗談、意図的な性的噂の流布、食事等の執拗な誘いなど）。

②性的なものを視覚に訴えること（ヌードポスターの掲示など）。
③性的な行動（身体への不必要な接触など）。
④男女の性を理由とする差別（女性のみに顧客接待を命じることなど）。
⑤その他前各号に準ずる行為。

（マタニティハラスメントの禁止）

第○条　社員は職場において、次に掲げる妊娠・出産等に関するハラスメント（マタニティハラスメント）を行ってはならない。
①妊娠・出産等に関する制度や措置の利用等に関し、その利用を阻害する言動、嫌がらせ、解雇その他不利益な取扱いを示唆する言動。
②妊娠・出産等を理由に行う嫌がらせ、解雇その他不利益な取扱いを示唆する言動。

（育児休業等に関するハラスメント禁止）

第○条　社員は、職場において育児休業、介護休業、その他育児介護休業法が定める制度等の利用に関する言動により、次に掲げるその労働者の就業環境が害されること（育児休業等に関するハラスメント）を行ってはならない。
①社員が制度等の利用の申出等をしたい旨を上司に相談したこと、制度等の利用の申出等をしたこと、または制度等の利用をしたことにより、上司が当該労働者に対し、解雇その他不利益な取扱いを示唆すること。
②社員が制度等の利用の申出等、または制度等の利用を阻害すること。
③社員が制度等の利用をしたことにより嫌がらせ等をするもの。

第3章

パワハラ防止の実務対応の進め方

実態の把握と取り組み後の効果測定

Q18 パワハラ防止の取り組みはどうやって始めればよいですか?

A パワハラの防止に初めて取り組む会社であれば、まずは厚生労働省のマニュアルを参考にするとよいでしょう。

厚労省のマニュアルを参考にする

これまで見てきたように、パワハラ防止の取り組みは、社員の意欲の低下、社会的信用の失墜など様々な経営損失を防ぐためのものですから、効果的に実施していかなければなりません。

厚生労働省が対策導入のマニュアルを作成し公表していますから、これを参考にしてみましょう。このようなマニュアルを手本とし、効果を確認しながら自社なりの工夫を取り入れていくとよいでしょう。

基本的なパワーハラスメント対策として取り組むべき項目

予防するために	解決するために
①トップのメッセージ ・組織のトップが、職場のパワーハラスメントは職場からなくすべきであることを明確に示す ②ルールを決める ・就業規則に関係規定を設ける、労使協定を締結する ・予防・解決についての方針やガイドラインを作成する ③実態を把握する ・従業員アンケートを実施する ④教育する ・研修を実施する ⑤ 周知する ・組織の方針や取組について周知・啓発を実施する	⑥相談や解決の場を設置する ・企業内・外に相談窓口を設置する、職場の対応責任者を決める ・外部専門家と連携する ⑦再発防止のための取組 ・行為者に対する再発防止研修等を行う

出所：厚生労働省「パワーハラスメント対策導入マニュアル」より

●Step1　トップのメッセージ

マニュアルでは、取り組みの第一歩を「トップのメッセージ」としています。会社の方針を決定づけるのはトップです。「業績第一」とすれば、営業成績の悪い社員は、上司から厳しい指導を受けるかもしれません。パワハラをなくすのだという会社方針は、改革に不可欠なものです。

●Step②　ルールを決める

就業規則の服務規律、懲戒の規定を定めるなど、取り組みのルールを決めます。

●Step③　実態を把握する

経営者は、社内で起きていることを十分に把握できていないと考えておくべきでしょう。パワハラなどないと思っている会社に、突然、事件が起こるということもあります。

実態把握のためにアンケートを実施してみることも有効です。次のページに、マニュアルにあるアンケートの例を掲載しておきます。

●Step④　教育する

取り組みの中で最も重要な部分です。マニュアルは、「研修（教育）は一度だけではなく定期的に実施すべき」としています。管理職と一般で分けて実施することも効果的だとしています。

研修に使う資料は、厚生労働省のホームページ「あかるい職場応援団」でダウンロードできますので、参考にしてください。

あかるい職場応援団（https://www.no-harassment.mhlw.go.jp/）

●Step⑤　周知する

マニュアルでは、組織の方針、ルール、相談窓口などを周知すべきとしています。ポスターの掲示なども効果的です。

●Step⑥　相談や解決の場を提供する

パワハラの相談窓口の設置が求められています。相談の実施においては相談者・行為者のプライバシー保護も重要です。マニュアルでは、相談の流れを次のように示しています。

相談対応の流れ

①相談窓口（一次対応）

②事実関係の確認

③とるべき措置の検討

④行為者・相談者へのフォロー

⑤再発防止策の検討

●Step⑦　再発防止のための取り組み

万一、パワハラ事件が起きた場合、二度と同じような事件が起きないために、再発防止の取り組みを行うことが重要です。

次の表は、実態把握のための**事前調査**と取り組みの効果測定のための**事後調査**の質問項目の例です。

表4　取組実施前の実態把握のための質問項目（事前調査）

回答者の属性に関する質問（回答者名を記載しない）	
Q1.	勤続年数
Q2-1.	役職
Q2-2.	管理している従業員数
職場の人間関係に関する質問	
Q3.	職場の人間関係の評価
パワーハラスメントに関する経験	
Q4.(Q1)	過去3年間にパワーハラスメントを受けたと感じた経験
Q5.(Q2)	パワーハラスメントのタイプ（6類型）
Q6.(Q3)	パワーハラスメントの具体的な内容
Q7.(Q4)	行為者とあなたの関係
Q8.(Q5)	パワーハラスメントを受けた後の行動
Q9.(Q6)	過去3年間にパワーハラスメントを見たり、相談を受けた経験
Q10.(Q7)	見たり相談を受けたパワーハラスメントのタイプ（6類型）
Q11.(Q8)	見たり相談を受けたパワーハラスメントの具体的な内容
Q12.(Q9)	見たり相談を受けたパワーハラスメントの行為者と被行為者の関係
Q13.	パワーハラスメントを見たり、相談を受けた後の行動
Q14.	過去3年間にパワーハラスメントをしたと感じた経験
管理職の意識、行動	
Q15.	過去3年間に部下にしたことのある行為
Q16.	パワーハラスメントに関して普段から気を付けていること
会社のパワーハラスメントに対する取組　※Q17-Q19-2は企業の取組状況に応じて適宜修正	
Q17.	会社のパワーハラスメントへの取組状況（個別評価） ・パワーハラスメントをしてはいけない行為とし、働きやすい職場環境づくりに努めているか ・パワーハラスメントに関する相談先を知っているか ・パワーハラスメントに関して、安心して相談できる状況になっているか

	・パワーハラスメントに関する相談を受けた後、相談窓口はパワーハラスメントの有無についての調査を行っているか ・パワーハラスメント行為を確認した際に、行為者に対し適正に対処していると思うか ・パワーハラスメント行為を確認した際に、被害者に対し適正に対処していると思うか ・経営者・管理職は、パワーハラスメントに該当する行為をしないよう意識しているか ・同僚は、パワーハラスメントに対する理解、認識がしっかりしているか
Q18.	会社のパワーハラスメントへの取組状況（全体評価）
Q19-1.	会社のパワーハラスメント対策の各種取組に対する認知
Q19-2.	パワーハラスメント対策の取組の効果
Q20.	会社がパワーハラスメント対策に取り組むことの必要性
Q21.	Q20 の回答理由
Q22.	会社が実施した方がよいと思うパワーハラスメント対策の取組
Q23.(Q10)	会社への要望

()内の項目番号は、回答者の負担を軽減し、最低限の実態把握を行いたい場合（簡易版）の項目です。詳細は参考資料 2※をご参照ください。

出所：厚生労働省「パワーハラスメント対策導入マニュアル」より

表 5　取組実施後に効果を把握するための質問項目（事後調査）

回答者の属性に関する質問（回答者名を記載しない）	
Q1.	勤続年数
Q2.	役職
Q3.	管理している従業員数
Q4.(Q1)	過去 3 年間にパワーハラスメントを受けたり、見たり、相談を受けた経験
会社のパワーハラスメントに対する取組の評価　※Q5-Q14、Q17-Q19 は企業の取組状況に応じて適宜修正	
Q5.	会社のパワーハラスメント対策の各種取組に対する認知
Q6.	トップメッセージを読んだか
Q7.	パワーハラスメントに関するルールに対する評価
Q8.	パワーハラスメントに関する実態調査（事前）への回答状況
Q9.	パワーハラスメントに関する研修への参加状況
Q10.	パワーハラスメントに関する研修の評価
Q11.	パワーハラスメント防止・予防に関するポスターなどを見たか
Q12.	パワーハラスメントに関する相談窓口の認知と利用状況
Q13.(Q2)	パワーハラスメントの予防・解決のために実施している各種取組の効果
Q14.(Q3)	パワーハラスメントの予防・解決のために実施している取組の中で最も役に立つと思う取組
Q15.(Q4)	会社のパワーハラスメントへの取組状況（全体評価）
Q16.	会社がパワーハラスメントの予防・解決の取組を続けることに対する評価
Q17.	会社のパワーハラスメント対策の取組の中で、特に見直した方がよい取組
Q18.	Q17 で挙げた取組の改善すべき点
Q19.	パワーハラスメントの予防・解決のために、会社が継続的に取り組んだ方がよい取組
Q23.	今後新たに実施した方がよいと思う取組
会社のパワーハラスメントに対する取組を進めたことによる職場等の変化	
Q20.(Q5)	会社がパワーハラスメントの予防・解決の取組を進めたことで、自分自身や職場に変化が出てきたと感じるか
Q21.(Q6)	会社がパワーハラスメントの予防・解決の取組を進めたことで、自分自身や上司が気を付けるようになったり、気にするようになったりしたことはあるか
Q22.(Q7)	会社に今後新たに取り組んでほしい施策

( )内の項目番号は回答者の負担を軽減し、最低限の効果測定を行いたい場合（簡易版）の項目です。詳細は参考資料 2※をご参照ください。

出所：厚生労働省「パワーハラスメント対策導入マニュアル」より

Q19 パワハラ防止の相談窓口の運営はどうすればよいですか？

A 取り組みの中で特に難しいのは相談窓口でしょう。相談窓口が機能していなければ、パワハラを早期に把握し、速やかに解決することはできません。非常にノウハウを要する部分だからです。

相談窓口の担当者の準備

会社の規模にもよりますが、相談窓口について適切な準備のためのノウハウがある会社は多くはないでしょう。厚生労働省のマニュアルでは、次のような相談窓口の担当者が準備をするためのチェックリスト「**相談窓口（一次対応）担当者のためのチェックリスト**」を提供しています。これを参考にしてみましょう。

チェックリストには、例えば、「2　相談者が冷静に話ができるよう心がけましょう」とあります。当然のようですが重要な点です。パワハラなどの相談は、初期の対応がその後に大きく影響します。例えば行為者が近くにいるなど相談者が冷静に話ができないような環境では、問題をこじらせることになるかもしれません。

「5　相談者の話をゆっくり、最後まで傾聴しましょう」でも、「1回の面談時間は50分程度」「以下のような言葉は厳禁です」など、ノウハウも書かれています。

相談記録の取り方

実際にパワハラ被害の相談などがあった際、どのような記録を取ればよいかも悩むことでしょう。マニュアルにある「**パワーハラスメント相談記録票**」（68ページ）を参考にしましょう。

相談窓口（一次対応）担当者のためのチェックリスト

相談窓口（一次対応）担当者のためのチェックリスト

基本的な流れ		ポイント
1	相談者のプライバシーが確保できる部屋を準備しましょう。	－
2	相談者が冷静に話ができるよう心がけましょう。	✓ できる限り、相談者が女性の場合は、女性の相談担当者も同席できるようにしましょう。
3	相談内容の秘密が守られることを説明しましょう。	✓ 相談者のプライバシーを守ること、相談者の了解なく行為者に話をしないこと、相談によって社内で不利益な取扱いを受けないことを説明しましょう。
4	相談対応の全体の流れを説明しましょう。	✓ 相談窓口の役割や、解決までの流れ、会社のパワーハラスメントに対する方針（パワーハラスメントは許さない等）等の説明をしましょう。
5	相談者の話をゆっくり、最後まで傾聴しましょう。	✓ 1回の面談時間は、50分程度が適当です。 ✓ 相談者が主張する事実を正確に把握することが目的ですので、意見を言うことは原則として控えましょう。 ※相談者に共感を示さない以下のような言葉は、厳禁です。 (1)「パワハラを受けるなんて、あなたの行動にも問題（落ち度）があったのではないか 」と相談者を責める。 (2)「どうして、もっと早く相談しなかったのか」と責める。 (3)「それは、パワハラですね/それは、パワハラとは言えません」と断定する。 (4)「これくらいは当たり前、それはあなたの考え過ぎではないか 」と説得する。 (5)「そんなことはたいしたことではないから、我慢した方がよい」と説得する。 (6)「（行為者は）決して悪い人ではないから、問題にしない方がいい」と説得する。 (7)「そんなことでくよくよせずに、やられたらやり返せばいい」とアドバイスをする。 (8)「個人的な問題だから、相手と二人でじっくりと話し合えばいい」とアドバイスをする。 (9)「そんなことは無視すればいい」とアドバイスをする (10)「気にしても仕方がない。忘れて仕事に集中した方がよい」とアドバイスをする。
6	事実関係を整理し、相談者とともに確認しましょう。	✓ いつ、誰から、どのような行為を受けたか、目撃者はいたか等を整理し、パワーハラスメント相談記録票（参考資料9別添）に記入しましょう。 ✓ 証拠書類（手帳や業務記録など）があれば、コピーし保存しましょう。
7	人事担当部署などに相談内容を伝え、事実関係を確認することや対応案を検討することについて同意を得ましょう。	✓ 相談者が行為者や他従業員からの事情聴取を望まない場合は、確認ができなければ、会社としてこれ以上の対応（行為者への指導や処分等）はできないことを説明しましょう。 ✓ 相談者の意向を尊重して対応しましょう。
※	相談者から「死にたい」などと自殺を暗示する言動があった場合には、産業医などの医療専門家等へすみやかに相談しましょう。	－

出所：厚生労働省「パワーハラスメント対策導入マニュアル」より

パワーハラスメント相談記録表

（表面）

参考資料11

（表面）パワーハラスメント相談記録票

受付NO

【相談者の情報】

相談受付日時	年　月　日
氏名	
所属	
連絡先 （内線又は携帯）	
メールアドレス	@
社員番号	

【内容】

いつ	誰から（相談者との関係）	どのような （受けた場所、状況、パワハラと感じた具体的な言動など）	同席者や目撃者の有無／所属や名前など
①　年　月　日 時ごろ			
②　年　月　日 時ごろ			
③　年　月　日 時ごろ			
④　年　月　日 時ごろ			

（裏面）

（裏面）パワーハラスメント相談記録票

受付NO

【相談内容の整理】

類型	具体例	相談内容への当てはめ	社内規程上の位置付け
①身体的な攻撃	暴行、障害		
②精神的な攻撃	脅迫、名誉毀損、侮辱、ひどい暴言、人格否定的な発言		
③人間関係からの切り離し	隔離、会議・研修に出席させない、仲間外し、挨拶をしない、無視		
④過大な要求	業務上明らかに不要なことや遂行不可能なことの強制、仕事の妨害		
⑤過小な要求	能力・経験とかけ離れた程度の低い仕事の命令、仕事を与えない		
⑥個の侵害	私的なことに過度に立ち入る、プライバシーを暴露される		
①～⑥以外	退職強要、異動・配置転換、降格、権限を奪う、他人のミスの責任を負わせる、差別的な呼び方・あだ名で呼ぶ、監視をされる		

【相談者の生活・身体・精神への影響】

休暇取得	
時間外、休日労働	
身体面への影響	
精神面への影響	

【その他確認事項】

対象は自分だけか、人を区別して行われているのか	
上司、同僚、外部相談機関等への相談状況	
職場環境への影響	
相談者の希望 例：調査してほしい、指導してほしい、配置転換等の人事上の措置、様子を見たい、等	

出所：厚生労働省「パワーハラスメント対策導入マニュアル」より

Q 20

取り組み事例

企業のパワハラ防止事例で参考になるものはありますか？

A パワハラ防止への取り組みは、他社の事例も参考にしましょう。例えば、厚生労働省のホームページ「あかるい職場応援団」でも、企業の事例が紹介されています。

取り組み事例 パワハラのない職場を目指して

東京都　ガス工事業Ａ社（従業員53人）　平成５年創業

●従業員からの告白がきっかけに

当社は、当初10人足らずで始めた会社ですが、創業して30年ほどになります。従業員は多いときは80人を超えていましたが、現在は50人ちょっとです。比較的同業者の中でも経営は順調だと思います。

パワハラをなくそうという取り組みが始まったきっかけは、入社して間もない若い従業員から上司のパワハラがあるので退職したいという話があったことです。

最近では従業員が高齢化しており、期待して採用した若者でしたから、引き留めたいという思いで直接私が会って話を聞きましたが、パワハラをしているというのは、創業当初からずっと一緒にやってきた役員の者でした。

●できるはずの上司の気持ちを知った

役員は、私よりも年上の60歳代の者です。当社がここまでやってこれたのは、この役員の力が大きかったと思います。真面目で技術的な知識が豊富、元請け会社からの信頼も厚い人物です。私も非常に頼りにしてきましたので、とにかく本人の話を聞いてみることにしました。

本人の話では、多少は厳しく注意したそうです。寝坊して遅刻してきたり、教えた作業方法を守らず、工事をやり直すこともあったそうです。

最近の若者は怒られ慣れていないから、もう少し優しくしてあげたらどうかと話してみました。役員は「自分の頃はもっと厳しかった」「甘やかしていたら、現場で怪我をすることにもなる」といいます。

確かに当社を支え、苦労を共にしてきた人物ですが、今の世代とのギャップができてしまっているようです。このまま50歳、60歳代の従業員ばかりの会社になるわけにはいかないと考え、男ばかりの当社の改革に乗り出そうと決意しました。

●アンケートの実施

改革を始めるにあたり、まずは無記名のアンケートを実施しました。

「これまで、上司などからパワハラを受けたと感じたことはありますか？」

「あったという人はどのようなパワハラを受けましたか？」

「パワハラを無くすために、会社にしてほしいことはありますか？」

…などといったものです。

多くはありませんでしたが、先ほどの役員を含む、何人かの人物を匂わす回答がありました。いや、むしろ当社の人数では、多すぎるのかもしれないと考えました。

●社長の陣頭指揮の下

取り組みの始めは、役員や部長、課長クラスの集まる月例の打ち合わせの際に、私の方から話をしました。

ざっくばらんに、部下の指導方法を考え直してみようという提案からしました。皆からは、「最近では、仕事終わりにお酒を飲むことも付き合ってくれない」「どう扱ったらいいかわからない」という、若い世代を使っていくことの悩みもありました。

子供のいる者に「自分の子を叱ったり、殴ったりする？」と聞くと、「（厳しくは）しない」という者ばかりでした。今の若者を育ててきた自分たちも昔と違うのです。

私は、これからも会社の成長を続けるには、若い世代の働ける会社にしなければならない、部下とのギャップを解消しなければ仕事がうまく回らなくなる、建設業だからといって古い考えを変えられないようではだめだと、訴えました。

●まずは研修を実施

私を含む３人でプロジェクトを作り、取り組みを実行していくことにしました。

まずは、研修をやってみることにしました。厚生労働省のホームページと書籍から資料を集め、簡単な冊子を作り、これをもとに実施しました。対象は課長以上の幹部です。

パワハラは、①うつ病になる人もいる、場合によっては自殺する人もいるほど、やってはならない行為であること、②会社が訴えられることもあり、経済的、社会的な経営損失となること、③どのような言動がパワハラになるのか、などを一緒に勉強しました。

研修参加者からは、「会社の業績が落ちるのではないか？」「部下の指導ができなくなるのでは？」といった声もありました。

私は、指導しなくするのではない、「怒鳴る」「感情的に対応する」などしなくても指導できるのではないかと、理解を得るよう努めました。

●コミュニケーション力の研修も実施

取り組みを始めても、最初のうちは、なかなか定着していないと感じました。管理職の中には戸惑う者もいたようです。

外部の研修を調べましたら、コミュニケーションや仕事の指示方法を教えているものがあり、これを何回かに分けて受講させました。

とにかく、日ごろの仕事の指示の仕方をうまくさせることで、部下との感情的なやり取りを減らそうと思ったのです。

一方で、部下たちにも、入社のときの社会人としての基本的な研修を受けさせるようにしました。手書きのポスターもいくつか作成し、挨拶、話の聞き方、ホウレンソウなどを徹底するよう工夫してみました。上司が細かなことで叱らなければならないことを減らしたかったのです。

結果的に、これらは、従業員を成長させることになった気がします。現場の些細なトラブルなどの報告が通るようになり、少し変わったなと感じたのです。

他にも、相談窓口を設置し、相談があれば私にすぐに報告する体制を作りました。

まだまだ十分ではないかもしれませんが、先ほどの役員の怒鳴り声は聞かなくなりました。真面目な男なので、会社の取り組みは理解してくれたようです。以前よりも若者の定着率はよくなっていると実感しています。

コラム

パワハラ防止の取り組みは企業を健全化する

パワハラが起きる原因は、様々な企業のひずみによるともいえます。

「営業ノルマが厳しすぎるために営業部長がストレスでイライラしている」「上司と部下のコミュニケーションがうまくいかないために上司の発言が乱暴な口調になってしまう」など。

このような問題は、程度は違っても多くの企業が抱えているはずです。必要は感じていても、日常業務に追われ、なかなか手を付けられずにいる問題です。

パワハラをなくそうとするための取り組みは、企業の健全性を高めることにもなるのです。ですから、今回の法改正を負担になるとばかり考えずに、積極的に取り組むべきなのです。

厚生労働省の調査によると、次のように取り組みによって得られた効果があげられています。

図表15 パワーハラスメントの予防・解決のための取組を進めた結果、
パワーハラスメントの予防・解決以外に得られた効果（複数回答）

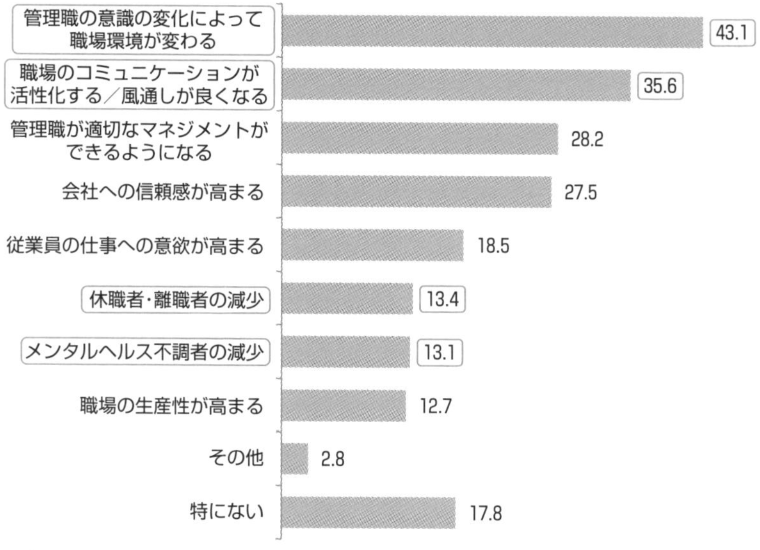

（対象：パワーハラスメントの予防・解決のための取組を実施している企業（n=2394、図表1参照）、単位%）

出所：厚生労働省「平成28年度　職場のパワーハラスメントに関する実態調査報告書」より

第4章

女性活躍の推進と企業の取り組み

Q21 一般事業主行動計画の策定を義務付けられるのはどんな企業ですか？

A 法改正により、「一般事業主行動計画」の策定・届出が義務付けられる企業は、常時雇用する労働者の数が「300人超」から「100人超」に拡大されます（施行日：令和４年４月１日）。

※なお、「一般事業主行動計画」における数値目標の選択項目も変わります（施行日：令和２年４月１日）。

一定規模の企業に女性の活躍推進の計画策定を義務化

一般事業主行動計画とは、一般事業主が実施する女性の職業生活における活躍の推進について、どのように取り組むかを計画するものです。一般事業主とは、国や地方公共団体以外の事業主をいいます。

いまや男女の就業上のハンディはないと考える人もいるかもしれませんが、統計などをみても、賃金水準、就業率、管理職比率、非正規労働者に占める割合など、現在も男女の就業上の格差があることは明らかです。

そのため、「女性管理職を○％まで増加させる」などの目標を掲げ、それを実現させるための行動計画を策定するというものです。

ところで、一般事業主行動計画には、この女性活躍推進法に基づき策定するものと、「次世代育成支援対策推進法」に基づき従業員の仕事と子育ての両立に関して策定するものの、２種類あります。混同しないようにしてください。

対象事業主の拡大

一般事業主のうち、一般事業主行動計画の策定と届出が義務付けられる事業主の範囲について、常時雇用する労働者の数が「300人を超えるもの」から「100人を超えるもの」に拡大されます（女性活躍推進法８条１項）。

なお、義務のある規模に満たない事業主も、同様に一般事業主行動計画の策定・届出に努めるよう定められています。義務のある事業主の規模が

300人超から100人超に拡大されることから、**努力義務のある事業主の規模も100人以下になります**（女性活躍推進法8条7項）。

行動計画策定のポイント

令和元年12月末現在、一般事業主行動計画策定の届出企業は、常時雇用者数300人超で1万6655社ですが、策定義務のない（努力義務）300人以下の企業でも6436社が届け出ています。

一般事業主行動計画は、下図のように現状を把握し、そこから課題を分析し、数値目標とその達成のための取り組みを決定し実施するものです。

数値目標とは、「採用者に占める女性比率を○％以上とする」「管理職に占める女性比率を○％以上にする」などです。

なお、今回の改正により、数値目標について選択する項目が「1つ以上」から次の①と②の「区分ごとに1つ以上」に変わっています。

一般事業主行動計画の改正内容

① 女性労働者に対する職業生活に関する機会の提供

・採用した労働者に占める女性労働者の割合（区）
・男女別の採用における競争倍率(区)
・労働者に占める女性労働者の割合(区)(派)
・男女別の配置の状況(区)
・男女別の将来の育成を目的とした教育訓練の受講の状況(区)
・管理職及び男女の労働者の配置・育成・評価・昇進・性別役割分担意識その他の職場風土等に関する意識(区)
(派:性別役割分担意識など職場風土等に関する意識)
・管理職に占める女性労働者の割合
・各職階の労働者に占める女性労働者の割合及び役員に占める女性の割合
・男女別の１つ上位の職階へ昇進した労働者の割合
・男女の人事評価の結果における差異(区)
・セクシュアルハラスメント等に関する各種相談窓口への相談状況(区)(派)
・男女別の職種又は雇用形態の転換の実績(区)(派:雇入れの実績)
・男女別の再雇用又は中途採用の実績(区)
・男女別の職種若しくは雇用形態の転換者、再雇用者又は中途採用者を管理職へ登用した実績
・非正社員の男女別のキャリアアップに向けた研修の受講の状況(区)
・男女の賃金の差異(区)

② 職業生活と家庭生活との両立に資する雇用環境の整備

・男女の平均継続勤務年数の差異(区)
・10事業年度前及びその前後の事業年度に採用された労働者の男女別の継続雇用割合(区)
・男女別の育児休業取得率及び平均取得期間(区)
・男女別の職業生活と家庭生活との両立を支援するための制度（育児休業を除く）の利用実績(区)
・男女別のフレックスタイム制、在宅勤務、テレワーク等の柔軟な働き方に資する制度の利用実績
・労働者(※)の各月ごとの平均残業時間数等の労働時間　（健康管理時間）の状況
・労働者(※)の各月ごとの平均残業時間数等の労働時間　（健康管理時間）の状況(区)(派)
・有給休暇取得率(区)
※　令和２年４月１日以降、状況把握の際には、管理職を含む全労働者の労働時間を把握する必要がありますので、ご注意ください。

（注）①上記の項目は状況把握項目を区分したものであり、下線は基礎項目（必ず把握すべき項目）です。
②「(区)」の表示のある項目については、状況把握の際は、雇用管理区分ごとに把握を行うことが必要です。
③「(派)」の表示のある項目については、労働者派遣の役務の提供を受ける場合には、状況把握の際は、派遣労働者を含めて把握を行うことが必要です。

出所：厚生労働省資料

初めて策定する場合は、なかなか難しいものです。厚生労働省の次のホームページに策定支援ツールなどが用意されていますので、これらを活用してみてください。

●女性活躍推進法特集ページ（えるぼし認定）

https://www.mhlw.go.jp/stf/seisakunitsuite/bunya/0000091025.html

計画の外部への公表は、自社のホームページに掲載してもかまいませんが、厚生労働省の運営する「女性の活躍推進企業データベース」へ掲載することもできます。**優良企業の認定**（次のページ）を受けるためには、このデータベースに毎年公表することが要件になっています。

●女性の活躍推進企業データベース

https://positive-ryouritsu.mhlw.go.jp/positivedb/

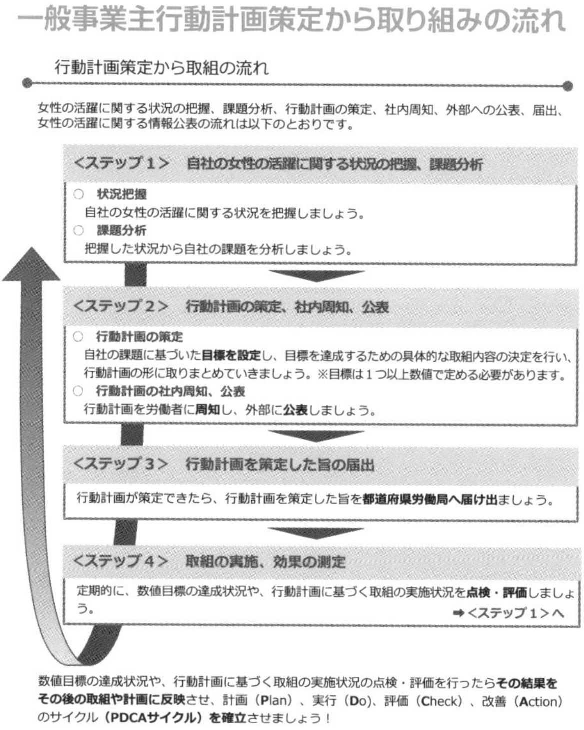

出所：「一般事業主行動計画を策定しましょう！！」厚生労働省より抜粋

認定一般事業主と特例認定一般事業主

Q22 当社は現在、「えるぼし」認定を受けていますがさらにその上があるのですか?

A 女性活躍推進の取り組みが優良な会社に認定される「えるぼし」に、特に優良な場合として「プラチナえるぼし」が追加されました。

施行日：令和２年６月１日

「プラチナえるぼし」の登場

一般事業主行動計画の策定・届出を行った企業のうち、女性の活躍推進に関する取り組みの実施状況が優良であるなどの一定の要件を満たした場合、厚生労働大臣から「えるぼし」認定を受けることができます。評価項目は次の５つです。

①採用
②継続就業
③労働時間等の働き方
④管理職比率
⑤多様なキャリアコース

現在、1009社が認定されています（令和２年１月末現在）。認定を受けた企業は、厚生労働大臣が定める認定マーク「えるぼし」を商品などに付けることができます。

さらに、令和２年６月からは、えるぼし認定企業のうち、一般事業主行動計画の目標達成や女性の活躍推進に関する取り組みの実施状況が特に優良であるなどの一定の要件を満たした場合、「プラチナえるぼし」の認定（「特例認定一般事業主」といいます）を受けることができるようになります（女性活躍推進法12条）。

「プラチナえるぼし」のメリットはなにか?

「プラチナえるぼし」認定を受けた企業は、厚生労働大臣が定める認定マーク「プラチナえるぼし」を商品などに付けることができます（女性活躍推進法14条）。認定企業以外は、商品等に表示（紛らわしい表示も含む）を付けてはならないものです。

また、プラチナえるぼし認定企業は、一般事業主行動計画の策定・届出が免除されるようになります。ただし、毎年少なくとも1回、取り組みの実施状況を公表しなければならなりません（女性活躍推進法13条）。

虚偽などがあれば認定を取り消し

厚生労働大臣は、「プラチナえるぼし」認定を受けた企業が基準に適合しなくなったと認めるとき、取り組みの実施状況の公表をしないとき、または虚偽の公表をしたときなどには、認定を取り消すことができます（女性活躍推進法15条）。

えるぼし認定の種類と概要

プラチナえるぼし	● 策定した一般事業主行動計画に基づく取組を実施し、当該行動計画に定めた目標を達成したこと。 ● 男女雇用機会均等推進者、職業家庭両立推進者を選任していること。（※） ● プラチナえるぼしの管理職比率、労働時間等の5つの基準の全てを満たしていること（※） ● 女性活躍推進法に基づく情報公表項目（社内制度の概要を除く。）のうち、8項目以上を「女性の活躍推進企業データベース」で公表していること。（※） ※実績を「女性の活躍推進企業データベース」に毎年公表することが必要
えるぼし（3段階目）	● えるぼしの管理職比率、労働時間等の5つの基準の全てを満たし、その実績を「女性の活躍推進企業データベース」に毎年公表していること。
えるぼし（2段階目）	● えるぼしの管理職比率、労働時間等の5つの基準のうち3つ又は4つの基準を満たし、その実績を「女性の活躍推進企業データベース」に毎年公表していること。 ● 満たさない基準については、事業主行動計画策定指針に定められた取組の中から当該基準に関連するものを実施し、その取組の実施状況について「女性の活躍推進企業データベース」に公表するとともに、2年以上連続してその実績が改善していること。
えるぼし（1段階目）	● えるぼしの管理職比率、労働時間等の5つの基準のうち1つ又は2つの基準を満たし、その実績を「女性の活躍推進企業データベース」に毎年公表していること。 ● 満たさない基準については、事業主行動計画策定指針に定められた取組の中から当該基準に関連するものを実施し、その取組の実施状況について「女性の活躍推進企業データベース」に公表するとともに、2年以上連続してその実績が改善していること。

出所：「一般事業主行動計画を策定しましょう！！」（厚生労働省）より抜粋

情報公開の強化と対象の拡大

Q23 女性活躍推進に関する情報公表の義務も強化されるのですか?

A 女性活躍推進における企業の情報提供の義務が、常時雇用する労働者数300人超から100人超に対象が拡大されます。また、300人超規模については、情報公開の項目も増えます。

施行日：300人超の項目拡大（令和2年6月1日）、100人超への対象規模の拡大（令和4年4月1日）

情報公開の項目が追加された

一般事業主のうち常時雇用する労働者数が300人超の会社は、厚生労働省令で定めるところにより、**女性の活躍推進に関する情報を定期的に公表すること**が義務付けられています（女性活躍推進法20条）。

今回の改正により、令和2年6月1日からは、これまで「1つの項目以上」でよかったものから、次の「区分ごとに1つの項目以上」を公表するものとされました（次のページ参照）。

①その雇用し、または雇用しようとする女性労働者に対する職業生活に関する機会の提供に関する実績
②その雇用する労働者の職業生活と家庭生活との両立に資する雇用環境の整備に関する実績

情報公開の対象規模の拡大

情報公開の対象となる企業の規模が、常時雇用する労働者の数が300人超から100人超へ拡大されました。なお、今回拡大された対象の100人超300人以下の規模の企業については、情報公開の項目は従来のままとなります。

女性活躍推進に関する情報公開項目

① 女性労働者に対する職業生活に関する機会の提供

・採用した労働者に占める女性労働者の割合(区)
・男女別の採用における競争倍率(区)
・労働者に占める女性労働者の割合(区)(派)
・係長級にある者に占める女性労働者の割合
・管理職に占める女性労働者の割合
・役員に占める女性の割合
・男女別の職種又は雇用形態の転換実績(区)(派)
・男女別の再雇用又は中途採用の実績

② 職業生活と家庭生活との両立に資する雇用環境の整備

・男女の平均継続勤務年数の差異
・10事業年度前及びその前後の事業年度に採用された労働者の男女別の継続雇用割合
・男女別の育児休業取得率(区)
・労働者の一月当たりの平均残業時間
・雇用管理区分ごとの労働者の一月当たりの平均残業時間(区) (派)
・有給休暇取得率
・雇用管理区分ごとの有給休暇取得率(区)

併せて、上記の項目とは別に、以下の項目についても、女性活躍推進法に基づく公表が可能となります。

〇女性労働者に対する職業生活に関する機会の提供に資する社内制度の概要
〇労働者の職業生活と家庭生活の両立に資する社内制度の概要

（注）①「(区)」の表示のある項目については、雇用管理区分ごとに公表を行うことが必要です。

②「(派)」の表示のある項目については、労働者派遣の役務の提供を受ける場合には、派遣労働者を含めて公表を行うことが必要です。

出所：厚生労働省資料

巻末

パワハラ・セクハラ・マタハラなどの指針

事業主が職場における優越的な関係を背景とした言動に起因する問題に関して雇用管理上講ずべき措置等についての指針

（令和2年1月15日　厚生労働省告示第5号）　※令和2年6月1日から適用

厚生労働省告示第五号

労働施策の総合的な推進並びに労働者の雇用の安定及び職業生活の充実等に関する法律（昭和四十一年法律第百三十二号）第三十条の二第三項の規定に基づき、事業主が職場における優越的な関係を背景とした言動に起因する問題に関して雇用管理上講ずべき措置等についての指針を次のように定め、女性の職業生活における活躍の推進に関する法律等の一部を改正する法律（令和元年法律第二十四号）の施行の日（令和二年六月一日）から適用することとしたので、同条第五項の規定に基づき、告示する。

令和二年一月十五日　　厚生労働大臣　加藤　勝信

事業主が職場における優越的な関係を背景とした言動に起因する問題に関して雇用管理上講ずべき措置等についての指針

1　はじめに

この指針は、労働施策の総合的な推進並びに労働者の雇用の安定及び職業生活の充実等に関する法律（昭和41年法律第132号。以下「法」という。）第30条の２第１項及び第２項に規定する事業主が職場において行われる優越的な関係を背景とした言動であって、業務上必要かつ相当な範囲を超えたものにより、その雇用する労働者の就業環境が害されること（以下「職場におけるパワーハラスメント」という。）のないよう雇用管理上講ずべき措置等について、同条第３項の規定に基づき事業主が適切かつ有効な実施を図るために必要な事項について定めたものである。

2　職場におけるパワーハラスメントの内容

(1)　職場におけるパワーハラスメントは、職場において行われる①優越的な関係を背景とした言動であって、②業務上必要かつ相当な範囲を超えたものにより、③労働者の就業環境が害されるものであり、①から③までの要素を全て満たすものをいう。

なお、客観的にみて、業務上必要かつ相当な範囲で行われる適正な業務指示や指導については、職場におけるパワーハラスメントには該当しない。

(2)　「職場」とは、事業主が雇用する労働者が業務を遂行する場所を指し、当該労働者が通常就業している場所以外の場所であっても、当該労働者が業務を遂行する場所については、「職場」に含まれる。

(3)　「労働者」とは、いわゆる正規雇用労働者のみならず、パートタイム労働者、契約社員等いわゆる非正規雇用労働者を含む事業主が雇用する労働者の全てをいう。

また、派遣労働者については、派遣元事業主のみならず、労働者派遣の役務の提供を受ける者についても、労働者派遣事業の適正な運営の確保及び派遣労働者の保護等に関する法律（昭和60年法律第88号）第47条の４の規定により、その指揮命令の下に労働させる派遣労働者を雇用する事業主とみなされ、法第30条の２第１項及び第30条の３第２項の規定が適用されることから、労働者派遣の役務の提供を受ける者は、派遣労働者についてもその雇用する労働者と同様に、３(1)の配慮及び４の措置を講ずることが必要である。なお、法第30条の２第２項、第30条の５第２項及び第30条の６第２項の労働者に対する不利益な取扱いの禁止については、派遣労働者も対象に含まれるものであり、派遣元事業主のみならず、労働者派遣の役務の提供を受ける者もまた、当該者に派遣労働者が職場におけるパワーハラスメントの相談を行ったこと等を理由として、当該派遣労働者に係る労働者派遣の役務の提供を拒む等、当該派遣労働者に対する不利益な取扱いを行ってはならない。

(4) 「優越的な関係を背景とした」言動とは、当該事業主の業務を遂行するに当たって、当該言動を受ける労働者が当該言動の行為者とされる者（以下「行為者」という。）に対して抵抗又は拒絶することができない蓋然性が高い関係を背景として行われるものを指し、例えば、以下のもの等が含まれる。

・　職務上の地位が上位の者による言動
・　同僚又は部下による言動で、当該言動を行う者が業務上必要な知識や豊富な経験を有しており、当該者の協力を得なければ業務の円滑な遂行を行うことが困難であるもの
・　同僚又は部下からの集団による行為で、これに抵抗又は拒絶することが困難であるもの

(5) 「業務上必要かつ相当な範囲を超えた」言動とは、社会通念に照らし、当該言動が明らかに当該事業主の業務上必要性がない、又はその態様が相当でないものを指し、例えば、以下のもの等が含まれる。

・　業務上明らかに必要性のない言動
・　業務の目的を大きく逸脱した言動
・　業務を遂行するための手段として不適当な言動
・　当該行為の回数、行為者の数等、その態様や手段が社会通念に照らして許容される範囲を超える言動

この判断に当たっては、様々な要素（当該言動の目的、当該言動を受けた労働者の問題行動の有無や内容・程度を含む当該言動が行われた経緯や状況、業種・業態、業務の内容・性質、当該言動の態様・頻度・継続性、労働者の属性や心身の状況、行為者との関係性等）を総合的に考慮することが適当である。また、その際には、個別の事案における労働者の行動が問題となる場合は、その内容・程度とそれに対する指導の態様等の相対的な関係性が重要な要素となることについても留意が必要である。

(6) 「労働者の就業環境が害される」とは、当該言動により労働者が身体的又は精神的に苦痛を与えられ、労働者の就業環境が不快なものとなったため、能力の発揮に重大な悪影響が生じる等当該労働者が就業する上で看過できない程度の支障が生じることを指す。

この判断に当たっては、「平均的な労働者の感じ方」、すなわち、同様の状況で当該言動を受けた場合に、社会一般の労働者が、就業する上で看過できない程度の支障が生じたと感じるような言動であるかどうかを基準とすることが適当である。

(7) 職場におけるパワーハラスメントは、(1)の①から③までの要素を全て満たすものをい

い（客観的にみて、業務上必要かつ相当な範囲で行われる適正な業務指示や指導については、職場におけるパワーハラスメントには該当しない。）、個別の事案についてその該当性を判断するに当たっては、⑸で総合的に考慮することとした事項のほか、当該言動により労働者が受ける身体的又は精神的な苦痛の程度等を総合的に考慮して判断することが必要である。

このため、個別の事案の判断に際しては、相談窓口の担当者等がこうした事項に十分留意し、相談を行った労働者（以下「相談者」という。）の心身の状況や当該言動が行われた際の受け止めなどその認識にも配慮しながら、相談者及び行為者の双方から丁寧に事実確認等を行うことも重要である。

これらのことを十分踏まえて、予防から再発防止に至る一連の措置を適切に講じることが必要である。

職場におけるパワーハラスメントの状況は多様であるが、代表的な言動の類型としては、以下のイからへまでのものがあり、当該言動の類型ごとに、典型的に職場におけるパワーハラスメントに該当し、又は該当しないと考えられる例としては、次のようなものがある。

ただし、個別の事案の状況等によって判断が異なる場合もあり得ること、また、次の例は限定列挙ではないことに十分留意し、4⑵ロにあるとおり広く相談に対応するなど、適切な対応を行うようにすることが必要である。

なお、職場におけるパワーハラスメントに該当すると考えられる以下の例については、行為者と当該言動を受ける労働者の関係性を個別に記載していないが、⑷にあるとおり、優越的な関係を背景として行われたものであることが前提である。

イ　身体的な攻撃（暴行・傷害）

（イ）　該当すると考えられる例

①　殴打、足蹴りを行うこと。

②　相手に物を投げつけること。

（ロ）　該当しないと考えられる例

①　誤ってぶつかること。

ロ　精神的な攻撃（脅迫・名誉棄損・侮辱・ひどい暴言）

（イ）　該当すると考えられる例

①　人格を否定するような言動を行うこと。相手の性的指向・性自認に関する侮辱的な言動を行うことを含む。

②　業務の遂行に関する必要以上に長時間にわたる厳しい叱責を繰り返し行うこと。

③　他の労働者の面前における大声での威圧的な叱責を繰り返し行うこと。

④　相手の能力を否定し、罵倒するような内容の電子メール等を当該相手を含む複数の労働者宛てに送信すること。

（ロ）　該当しないと考えられる例

①　遅刻など社会的ルールを欠いた言動が見られ、再三注意してもそれが改善されない労働者に対して一定程度強く注意をすること。

②　その企業の業務の内容や性質等に照らして重大な問題行動を行った労働者に対して、一定程度強く注意をすること。

ハ　人間関係からの切り離し（隔離・仲間外し・無視）
（イ）　該当すると考えられる例
① 自身の意に沿わない労働者に対して、仕事を外し、長期間にわたり、別室に隔離したり、自宅研修させたりすること。
② 一人の労働者に対して同僚が集団で無視をし、職場で孤立させること。
（ロ）　該当しないと考えられる例
① 新規に採用した労働者を育成するために短期間集中的に別室で研修等の教育を実施すること。
② 懲戒規定に基づき処分を受けた労働者に対し、通常の業務に復帰させるために、その前に、一時的に別室で必要な研修を受けさせること。
ニ　過大な要求（業務上明らかに不要なことや遂行不可能なことの強制・仕事の妨害）
（イ）　該当すると考えられる例
① 長期間にわたる、肉体的苦痛を伴う過酷な環境下での勤務に直接関係のない作業を命ずること。
② 新卒採用者に対し、必要な教育を行わないまま到底対応できないレベルの業績目標を課し、達成できなかったことに対し厳しく叱責すること。
③ 労働者に業務とは関係のない私的な雑用の処理を強制的に行わせること。
（ロ）　該当しないと考えられる例
① 労働者を育成するために現状よりも少し高いレベルの業務を任せること。
② 業務の繁忙期に、業務上の必要性から、当該業務の担当者に通常時よりも一定程度多い業務の処理を任せること。
ホ　過小な要求（業務上の合理性なく能力や経験とかけ離れた程度の低い仕事を命じることや仕事を与えないこと）
（イ）　該当すると考えられる例
① 管理職である労働者を退職させるため、誰でも遂行可能な業務を行わせること。
② 気にいらない労働者に対して嫌がらせのために仕事を与えないこと。
（ロ）　該当しないと考えられる例
① 労働者の能力に応じて、一定程度業務内容や業務量を軽減すること。
ヘ　個の侵害（私的なことに過度に立ち入ること）
（イ）　該当すると考えられる例
① 労働者を職場外でも継続的に監視したり、私物の写真撮影をしたりすること。
② 労働者の性的指向・性自認や病歴、不妊治療等の機微な個人情報について、当該労働者の了解を得ずに他の労働者に暴露すること。
（ロ）　該当しないと考えられる例
① 労働者への配慮を目的として、労働者の家族の状況等についてヒアリングを行うこと。
② 労働者の了解を得て、当該労働者の性的指向・性自認や病歴、不妊治療等の機微な個人情報について、必要な範囲で人事労務部門の担当者に伝達し、配慮を促すこと。

この点、プライバシー保護の観点から、ヘ（イ）②のように機微な個人情報を暴露することのないよう、労働者に周知・啓発する等の措置を講じることが必要である。

3　事業主等の責務

⑴　事業主の責務

法第30条の３第２項の規定により、事業主は、職場におけるパワーハラスメントを行ってはならないことその他職場におけるパワーハラスメントに起因する問題（以下「パワーハラスメント問題」という。）に対するその雇用する労働者の関心と理解を深めるとともに、当該労働者が他の労働者（他の事業主が雇用する労働者及び求職者を含む。⑵において同じ。）に対する言動に必要な注意を払うよう、研修の実施その他の必要な配慮をするほか、国の講ずる同条第１項の広報活動、啓発活動その他の措置に協力するように努めなければならない。なお、職場におけるパワーハラスメントに起因する問題としては、例えば、労働者の意欲の低下などによる職場環境の悪化や職場全体の生産性の低下、労働者の健康状態の悪化、休職や退職などにつながり得ること、これらに伴う経営的な損失等が考えられる。

また、事業主（その者が法人である場合にあっては、その役員）は、自らも、パワーハラスメント問題に対する関心と理解を深め、労働者（他の事業主が雇用する労働者及び求職者を含む。）に対する言動に必要な注意を払うように努めなければならない。

⑵　労働者の責務

法第30条の３第４項の規定により、労働者は、パワーハラスメント問題に対する関心と理解を深め、他の労働者に対する言動に必要な注意を払うとともに、事業主の講ずる４の措置に協力するように努めなければならない。

4　事業主が職場における優越的な関係を背景とした言動に起因する問題に関し雇用管理上講ずべき措置の内容

事業主は、当該事業主が雇用する労働者又は当該事業主（その者が法人である場合にあっては、その役員）が行う職場におけるパワーハラスメントを防止するため、雇用管理上次の措置を講じなければならない。

⑴　事業主の方針等の明確化及びその周知・啓発

事業主は、職場におけるパワーハラスメントに関する方針の明確化、労働者に対するその方針の周知・啓発として、次の措置を講じなければならない。

なお、周知・啓発をするに当たっては、職場におけるパワーハラスメントの防止の効果を高めるため、その発生の原因や背景について労働者の理解を深めることが重要である。その際、職場におけるパワーハラスメントの発生の原因や背景には、労働者同士のコミュニケーションの希薄化などの職場環境の問題もあると考えられる。そのため、これらを幅広く解消していくことが職場におけるパワーハラスメントの防止の効果を高める上で重要であることに留意することが必要である。

イ　職場におけるパワーハラスメントの内容及び職場におけるパワーハラスメントを行ってはならない旨の方針を明確化し、管理監督者を含む労働者に周知・啓発すること。

（事業主の方針等を明確化し、労働者に周知・啓発していると認められる例）

①　就業規則その他の職場における服務規律等を定めた文書において、職場におけるパワーハラスメントを行ってはならない旨の方針を規定し、当該規定と併せて、職

場におけるパワーハラスメントの内容及びその発生の原因や背景を労働者に周知・啓発すること。

② 社内報、パンフレット、社内ホームページ等広報又は啓発のための資料等に職場におけるパワーハラスメントの内容及びその発生の原因や背景並びに職場におけるパワーハラスメントを行ってはならない旨の方針を記載し、配布等すること。

③ 職場におけるパワーハラスメントの内容及びその発生の原因や背景並びに職場におけるパワーハラスメントを行ってはならない旨の方針を労働者に対して周知・啓発するための研修、講習等を実施すること。

ロ 職場におけるパワーハラスメントに係る言動を行った者については、厳正に対処する旨の方針及び対処の内容を就業規則その他の職場における服務規律等を定めた文書に規定し、管理監督者を含む労働者に周知・啓発すること。

（対処方針を定め、労働者に周知・啓発していると認められる例）

① 就業規則その他の職場における服務規律等を定めた文書において、職場におけるパワーハラスメントに係る言動を行った者に対する懲戒規定を定め、その内容を労働者に周知・啓発すること。

② 職場におけるパワーハラスメントに係る言動を行った者は、現行の就業規則その他の職場における服務規律等を定めた文書において定められている懲戒規定の適用の対象となる旨を明確化し、これを労働者に周知・啓発すること。

⑵ 相談（苦情を含む。以下同じ。）に応じ、適切に対応するために必要な体制の整備

事業主は、労働者からの相談に対し、その内容や状況に応じ適切かつ柔軟に対応するために必要な体制の整備として、次の措置を講じなければならない。

イ 相談への対応のための窓口（以下「相談窓口」という。）をあらかじめ定め、労働者に周知すること。

（相談窓口をあらかじめ定めていると認められる例）

① 相談に対応する担当者をあらかじめ定めること。

② 相談に対応するための制度を設けること。

③ 外部の機関に相談への対応を委託すること。

ロ イの相談窓口の担当者が、相談に対し、その内容や状況に応じ適切に対応できるようにすること。また、相談窓口においては、被害を受けた労働者が萎縮するなどして相談を躊躇する例もあること等も踏まえ、相談者の心身の状況や当該言動が行われた際の受け止めなどその認識にも配慮しながら、職場におけるパワーハラスメントが現実に生じている場合だけでなく、その発生のおそれがある場合や、職場におけるパワーハラスメントに該当するか否か微妙な場合であっても、広く相談に対応し、適切な対応を行うようにすること。例えば、放置すれば就業環境を害するおそれがある場合や、労働者同士のコミュニケーションの希薄化などの職場環境の問題が原因や背景となってパワーハラスメントが生じるおそれがある場合等が考えられる。

（相談窓口の担当者が適切に対応することができるようにしていると認められる例）

① 相談窓口の担当者が相談を受けた場合、その内容や状況に応じて、相談窓口の担当者と人事部門とが連携を図ることができる仕組みとすること。

② 相談窓口の担当者が相談を受けた場合、あらかじめ作成した留意点などを記載し

たマニュアルに基づき対応すること。

③　相談窓口の担当者に対し、相談を受けた場合の対応についての研修を行うこと。

(3)　職場におけるパワーハラスメントに係る事後の迅速かつ適切な対応

事業主は、職場におけるパワーハラスメントに係る相談の申出があった場合において、その事案に係る事実関係の迅速かつ正確な確認及び適正な対処として、次の措置を講じなければならない。

イ　事案に係る事実関係を迅速かつ正確に確認すること。

（事案に係る事実関係を迅速かつ正確に確認していると認められる例）

①　相談窓口の担当者、人事部門又は専門の委員会等が、相談者及び行為者の双方から事実関係を確認すること。その際、相談者の心身の状況や当該言動が行われた際の受け止めなどその認識にも適切に配慮すること。

また、相談者と行為者との間で事実関係に関する主張に不一致があり、事実の確認が十分にできないと認められる場合には、第三者からも事実関係を聴取する等の措置を講ずること。

②　事実関係を迅速かつ正確に確認しようとしたが、確認が困難な場合などにおいて、法第30条の６に基づく調停の申請を行うことその他中立な第三者機関に紛争処理を委ねること。

ロ　イにより、職場におけるパワーハラスメントが生じた事実が確認できた場合においては、速やかに被害を受けた労働者（以下「被害者」という。）に対する配慮のための措置を適正に行うこと。

（措置を適正に行っていると認められる例）

①　事案の内容や状況に応じ、被害者と行為者の間の関係改善に向けての援助、被害者と行為者を引き離すための配置転換、行為者の謝罪、被害者の労働条件上の不利益の回復、管理監督者又は事業場内産業保健スタッフ等による被害者のメンタルヘルス不調への相談対応等の措置を講ずること。

②　法第30条の６に基づく調停その他中立な第三者機関の紛争解決案に従った措置を被害者に対して講ずること。

ハ　イにより、職場におけるパワーハラスメントが生じた事実が確認できた場合においては、行為者に対する措置を適正に行うこと。

（措置を適正に行っていると認められる例）

①　就業規則その他の職場における服務規律等を定めた文書における職場におけるパワーハラスメントに関する規定等に基づき、行為者に対して必要な懲戒その他の措置を講ずること。あわせて、事案の内容や状況に応じ、被害者と行為者の間の関係改善に向けての援助、被害者と行為者を引き離すための配置転換、行為者の謝罪等の措置を講ずること。

②　法第30条の６に基づく調停その他中立な第三者機関の紛争解決案に従った措置を行為者に対して講ずること。

ニ　改めて職場におけるパワーハラスメントに関する方針を周知・啓発する等の再発防止に向けた措置を講ずること。

なお、職場におけるパワーハラスメントが生じた事実が確認できなかった場合においても、同様の措置を講ずること。

（再発防止に向けた措置を講じていると認められる例）

① 職場におけるパワーハラスメントを行ってはならない旨の方針及び職場におけるパワーハラスメントに係る言動を行った者について厳正に対処する旨の方針を、社内報、パンフレット、社内ホームページ等広報又は啓発のための資料等に改めて掲載し、配布等すること。

② 労働者に対して職場におけるパワーハラスメントに関する意識を啓発するための研修、講習等を改めて実施すること。

(4) (1)から(3)までの措置と併せて講ずべき措置

(1)から(3)までの措置を講ずるに際しては、併せて次の措置を講じなければならない。

イ 職場におけるパワーハラスメントに係る相談者・行為者等の情報は当該相談者・行為者等のプライバシーに属するものであることから、相談への対応又は当該パワーハラスメントに係る事後の対応に当たっては、相談者・行為者等のプライバシーを保護するために必要な措置を講ずるとともに、その旨を労働者に対して周知すること。なお、相談者・行為者等のプライバシーには、性的指向・性自認や病歴、不妊治療等の機微な個人情報も含まれるものであること。

（相談者・行為者等のプライバシーを保護するために必要な措置を講じていると認められる例）

① 相談者・行為者等のプライバシーの保護のために必要な事項をあらかじめマニュアルに定め、相談窓口の担当者が相談を受けた際には、当該マニュアルに基づき対応するものとすること。

② 相談者・行為者等のプライバシーの保護のために、相談窓口の担当者に必要な研修を行うこと。

③ 相談窓口においては相談者・行為者等のプライバシーを保護するために必要な措置を講じていることを、社内報、パンフレット、社内ホームページ等広報又は啓発のための資料等に掲載し、配布等すること。

ロ 法第30条の２第２項、第30条の５第２項及び第30条の６第２項の規定を踏まえ、労働者が職場におけるパワーハラスメントに関し相談をしたこと若しくは事実関係の確認等の事業主の雇用管理上講ずべき措置に協力したこと、都道府県労働局に対して相談、紛争解決の援助の求め若しくは調停の申請を行ったこと又は調停の出頭の求めに応じたこと（以下「パワーハラスメントの相談等」という。）を理由として、解雇その他不利益な取扱いをされない旨を定め、労働者に周知・啓発すること。

（不利益な取扱いをされない旨を定め、労働者にその周知・啓発することについて措置を講じていると認められる例）

① 就業規則その他の職場における服務規律等を定めた文書において、パワーハラスメントの相談等を理由として、労働者が解雇等の不利益な取扱いをされない旨を規定し、労働者に周知・啓発をすること。

② 社内報、パンフレット、社内ホームページ等広報又は啓発のための資料等に、パワーハラスメントの相談等を理由として、労働者が解雇等の不利益な取扱いをされない旨を記載し、労働者に配布等すること。

5　事業主が職場における優越的な関係を背景とした言動に起因する問題に関し行うことが望ましい取組の内容

事業主は、当該事業主が雇用する労働者又は当該事業主（その者が法人である場合にあっては、その役員）が行う職場におけるパワーハラスメントを防止するため、４の措置に加え、次の取組を行うことが望ましい。

(1)　職場におけるパワーハラスメントは、セクシュアルハラスメント（事業主が職場における性的な言動に起因する問題に関して雇用管理上講ずべき措置等についての指針（平成18年厚生労働省告示第615号）に規定する「職場におけるセクシュアルハラスメント」をいう。以下同じ。）、妊娠、出産等に関するハラスメント（事業主が職場における妊娠、出産等に関する言動に起因する問題に関して雇用管理上講ずべき措置等についての指針（平成28年厚生労働省告示第312号）に規定する「職場における妊娠、出産等に関するハラスメント」をいう。）、育児休業等に関するハラスメント（子の養育又は家族の介護を行い、又は行うこととなる労働者の職業生活と家庭生活との両立が図られるようにするために事業主が講ずべき措置等に関する指針（平成21年厚生労働省告示第509号）に規定する「職場における育児休業等に関するハラスメント」をいう。）

その他のハラスメントと複合的に生じることも想定されることから、事業主は、例えば、セクシュアルハラスメント等の相談窓口と一体的に、職場におけるパワーハラスメントの相談窓口を設置し、一元的に相談に応じることのできる体制を整備することが望ましい。

（一元的に相談に応じることのできる体制の例）

①　相談窓口で受け付けることのできる相談として、職場におけるパワーハラスメントのみならず、セクシュアルハラスメント等も明示すること。

②　職場におけるパワーハラスメントの相談窓口がセクシュアルハラスメント等の相談窓口を兼ねること。

(2)　事業主は、職場におけるパワーハラスメントの原因や背景となる要因を解消するため、次の取組を行うことが望ましい。

なお、取組を行うに当たっては、労働者個人のコミュニケーション能力の向上を図ることは、職場におけるパワーハラスメントの行為者・被害者の双方になることを防止する上で重要であることや、業務上必要かつ相当な範囲で行われる適正な業務指示や指導については、職場におけるパワーハラスメントには該当せず、労働者が、こうした適正な業務指示や指導を踏まえて真摯に業務を遂行する意識を持つことも重要であることに留意することが必要である。

イ　コミュニケーションの活性化や円滑化のために研修等の必要な取組を行うこと。

（コミュニケーションの活性化や円滑化のために必要な取組例）

①　日常的なコミュニケーションを取るよう努めることや定期的に面談やミーティングを行うことにより、風通しの良い職場環境や互いに助け合える労働者同士の信頼関係を築き、コミュニケーションの活性化を図ること。

②　感情をコントロールする手法についての研修、コミュニケーションスキルアップについての研修、マネジメントや指導についての研修等の実施や資料の配布等により、労働者が感情をコントロールする能力やコミュニケーションを円滑に進める能

力等の向上を図ること。

ロ　適正な業務目標の設定等の職場環境の改善のための取組を行うこと。

(職場環境の改善のための取組例)

①　適正な業務目標の設定や適正な業務体制の整備、業務の効率化による過剰な長時間労働の是正等を通じて、労働者に過度に肉体的・精神的負荷を強いる職場環境や組織風土を改善すること。

(3)　事業主は、4の措置を講じる際に、必要に応じて、労働者や労働組合等の参画を得つつ、アンケート調査や意見交換等を実施するなどにより、その運用状況の的確な把握や必要な見直しの検討等に努めることが重要である。なお、労働者や労働組合等の参画を得る方法として、例えば、労働安全衛生法（昭和47年法律第57号）第18条第1項に規定する衛生委員会の活用なども考えられる。

6　事業主が自らの雇用する労働者以外の者に対する言動に関し行うことが望ましい取組の内容

3の事業主及び労働者の責務の趣旨に鑑みれば、事業主は、当該事業主が雇用する労働者が、他の労働者（他の事業主が雇用する労働者及び求職者を含む。）のみならず、個人事業主、インターンシップを行っている者等の労働者以外の者に対する言動についても必要な注意を払うよう配慮するとともに、事業主（その者が法人である場合にあっては、その役員）自らと労働者も、労働者以外の者に対する言動について必要な注意を払うよう努めることが望ましい。

こうした責務の趣旨も踏まえ、事業主は、4(1)イの職場におけるパワーハラスメントを行ってはならない旨の方針の明確化等を行う際に、当該事業主が雇用する労働者以外の者（他の事業主が雇用する労働者、就職活動中の学生等の求職者及び労働者以外の者）に対する言動についても、同様の方針を併せて示すことが望ましい。

また、これらの者から職場におけるパワーハラスメントに類すると考えられる相談があった場合には、その内容を踏まえて、4の措置も参考にしつつ、必要に応じて適切な対応を行うように努めることが望ましい。

7　事業主が他の事業主の雇用する労働者等からのパワーハラスメントや顧客等からの著しい迷惑行為に関し行うことが望ましい取組の内容

事業主は、取引先等の他の事業主が雇用する労働者又は他の事業主（その者が法人である場合にあっては、その役員）からのパワーハラスメントや顧客等からの著しい迷惑行為（暴行、脅迫、ひどい暴言、著しく不当な要求等）により、その雇用する労働者が就業環境を害されることのないよう、雇用管理上の配慮として、例えば、(1)及び(2)の取組を行うことが望ましい。また、(3)のような取組を行うことも、その雇用する労働者が被害を受けることを防止する上で有効と考えられる。

(1)　相談に応じ、適切に対応するために必要な体制の整備

事業主は、他の事業主が雇用する労働者等からのパワーハラスメントや顧客等からの著しい迷惑行為に関する労働者からの相談に対し、その内容や状況に応じ適切かつ柔軟に対応するために必要な体制の整備として、4(2)イ及びロの例も参考にしつつ、次の取組を行うことが望ましい。

また、併せて、労働者が当該相談をしたことを理由として、解雇その他不利益な取扱

いを行ってはならない旨を定め、労働者に周知・啓発することが望ましい。

イ　相談先（上司、職場内の担当者等）をあらかじめ定め、これを労働者に周知すること。

ロ　イの相談を受けた者が、相談に対し、その内容や状況に応じ適切に対応できるようにすること。

(2)　被害者への配慮のための取組

事業主は、相談者から事実関係を確認し、他の事業主が雇用する労働者等からのパワーハラスメントや顧客等からの著しい迷惑行為が認められた場合には、速やかに被害者に対する配慮のための取組を行うことが望ましい。

（被害者への配慮のための取組例）

事案の内容や状況に応じ、被害者のメンタルヘルス不調への相談対応、著しい迷惑行為を行った者に対する対応が必要な場合に一人で対応させない等の取組を行うこと。

(3)　他の事業主が雇用する労働者等からのパワーハラスメントや顧客等からの著しい迷惑行為による被害を防止するための取組

(1)及び(2)の取組のほか、他の事業主が雇用する労働者等からのパワーハラスメントや顧客等からの著しい迷惑行為からその雇用する労働者が被害を受けることを防止する上では、事業主が、こうした行為への対応に関するマニュアルの作成や研修の実施等の取組を行うことも有効と考えられる。

また、業種・業態等によりその被害の実態や必要な対応も異なると考えられることから、業種・業態等における被害の実態や業務の特性等を踏まえて、それぞれの状況に応じた必要な取組を進めることも、被害の防止に当たっては効果的と考えられる。

事業主が職場における性的な言動に起因する問題に関して雇用管理上講ずべき措置等についての指針

（平成18年厚生労働省告示第615号　最終改正：令和2年1月15日厚生労働省告示第6号）

※令和２年６月１日から適用。下線は改正部分

事業主が職場における性的な言動に起因する問題に関して雇用管理上講ずべき措置等についての指針

1　はじめに

この指針は、雇用の分野における男女の均等な機会及び待遇の確保等に関する法律（昭和47年法律第113号。以下「法」という。）第11条第１項から第３項までに規定する事業主が職場において行われる性的な言動に対するその雇用する労働者の対応により当該労働者がその労働条件につき不利益を受け、又は当該性的な言動により当該労働者の就業環境が害されること（以下「職場におけるセクシュアルハラスメント」という。）のないよう雇用管理上講ずべき措置等について、同条第４項の規定に基づき事業主が適切かつ有効な実施を図るために必要な事項について定めたものである。

2　職場におけるセクシュアルハラスメントの内容

⑴　職場におけるセクシュアルハラスメントには、職場において行われる性的な言動に対する労働者の対応により当該労働者がその労働条件につき不利益を受けるもの（以下「対価型セクシュアルハラスメント」という。）と、当該性的な言動により労働者の就業環境が害されるもの（以下「環境型セクシュアルハラスメント」という。）がある。

なお、職場におけるセクシュアルハラスメントには、同性に対するものも含まれるものである。また、被害を受けた者（以下「被害者」という。）の性的指向又は性自認にかかわらず、当該者に対する職場におけるセクシュアルハラスメントも、本指針の対象となるものである。

⑵　「職場」とは、事業主が雇用する労働者が業務を遂行する場所を指し、当該労働者が通常就業している場所以外の場所であっても、当該労働者が業務を遂行する場所については、「職場」に含まれる。取引先の事務所、取引先と打合せをするための飲食店、顧客の自宅等であっても、当該労働者が業務を遂行する場所であればこれに該当する。

⑶　「労働者」とは、いわゆる正規雇用労働者のみならず、パートタイム労働者、契約社員等いわゆる非正規雇用労働者を含む事業主が雇用する労働者の全てをいう。

また、派遣労働者については、派遣元事業主のみならず、労働者派遣の役務の提供を受ける者についても、労働者派遣事業の適正な運営の確保及び派遣労働者の保護等に関する法律（昭和60年法律第88号）第47条の２の規定により、その指揮命令の下に労働させる派遣労働者を雇用する事業主とみなされ、法第11条第１項及び第11条の２第２項の規定が適用されることから、労働者派遣の役務の提供を受ける者は、派遣労働者についてもその雇用する労働者と同様に、3⑴の配慮及び４の措置を講ずることが必要である。なお、法第11条第２項、第17条第２項及び第18条第２項の労働者に対する不利益な取扱いの禁止については、派遣労働者も対象に含まれるものであり、派遣元事業主のみなら

ず、労働者派遣の役務の提供を受ける者もまた、当該者に派遣労働者が職場におけるセクシュアルハラスメントの相談を行ったこと等を理由として、当該派遣労働者に係る労働者派遣の役務の提供を拒む等、当該派遣労働者に対する不利益な取扱いを行ってはならない。

(4) 「性的な言動」とは、性的な内容の発言及び性的な行動を指し、この「性的な内容の発言」には、性的な事実関係を尋ねること、性的な内容の情報を意図的に流布すること等が、「性的な行動」には、性的な関係を強要すること、必要なく身体に触ること、わいせつな図画を配布すること等が、それぞれ含まれる。当該言動を行う者には、労働者を雇用する事業主（その者が法人である場合にあってはその役員。以下この(4)において同じ。）、上司、同僚に限らず、取引先等の他の事業主又はその雇用する労働者、顧客、患者又はその家族、学校における生徒等もなり得る。

(5) 「対価型セクシュアルハラスメント」とは、職場において行われる労働者の意に反する性的な言動に対する労働者の対応により、当該労働者が解雇、降格、減給等の不利益を受けることであって、その状況は多様であるが、典型的な例として、次のようなものがある。

イ　事務所内において事業主が労働者に対して性的な関係を要求したが、拒否されたため、当該労働者を解雇すること。

ロ　出張中の車中において上司が労働者の腰、胸等に触ったが、抵抗されたため、当該労働者について不利益な配置転換をすること。

ハ　営業所内において事業主が日頃から労働者に係る性的な事柄について公然と発言していたが、抗議されたため、当該労働者を降格すること。

(6) 「環境型セクシュアルハラスメント」とは、職場において行われる労働者の意に反する性的な言動により労働者の就業環境が不快なものとなったため、能力の発揮に重大な悪影響が生じる等当該労働者が就業する上で看過できない程度の支障が生じることであって、その状況は多様であるが、典型的な例として、次のようなものがある。

イ　事務所内において上司が労働者の腰、胸等に度々触ったため、当該労働者が苦痛に感じてその就業意欲が低下していること。

ロ　同僚が取引先において労働者に係る性的な内容の情報を意図的かつ継続的に流布したため、当該労働者が苦痛に感じて仕事が手につかないこと。

ハ　労働者が抗議をしているにもかかわらず、事務所内にヌードポスターを掲示しているため、当該労働者が苦痛に感じて業務に専念できないこと。

3　事業主等の責務

(1) 事業主の責務

法第11条の２第２項の規定により、事業主は、職場におけるセクシュアルハラスメントを行ってはならないことその他職場におけるセクシュアルハラスメントに起因する問題（以下「セクシュアルハラスメント問題」という。）に対するその雇用する労働者の関心と理解を深めるとともに、当該労働者が他の労働者（他の事業主が雇用する労働者及び求職者を含む。(2)において同じ。）に対する言動に必要な注意を払うよう、研修の実施その他の必要な配慮をするほか、国の講ずる同条第１項の広報活動、啓発活動その他の措置に協力するように努めなければならない。なお、職場におけるセクシュアルハラスメントに起因する問題としては、例えば、労働者の意欲の低下などによる職場環境の悪化や職場全体の生産性の低下、労働者の健康状態の悪化、休職や退職などにつながり得ること、これらに伴う経営的な損失等が考えられる。また、事業主（その者が法人である場合にあっては、その役員）は、自らも、セクシュアルハラスメント問題に対する関心と理解を深め、労働者（他の事業主が雇用する労働者及び求職者を含む。）に対する言動に必要な注意を払うように努めなければならない。

(2) 労働者の責務

法第11条の２第４項の規定により、労働者は、セクシュアルハラスメント問題に対する関心と理解を深め、他の労働者に対する言動に必要な注意を払うとともに、事業主の講ずる４の措置に協力するように努めなければならない。

４ 事業主が職場における性的な言動に起因する問題に関し雇用管理上講ずべき措置の内容

事業主は、職場におけるセクシュアルハラスメントを防止するため、雇用管理上次の措置を講じなければならない。

(1) 事業主の方針等の明確化及びその周知・啓発

事業主は、職場におけるセクシュアルハラスメントに関する方針の明確化、労働者に対するその方針の周知・啓発として、次の措置を講じなければならない。

なお、周知・啓発をするに当たっては、職場におけるセクシュアルハラスメントの防止の効果を高めるため、その発生の原因や背景について労働者の理解を深めることが重要である。その際、職場におけるセクシュアルハラスメントの発生の原因や背景には、性別役割分担意識に基づく言動もあると考えられ、こうした言動をなくしていくことがセクシュアルハラスメントの防止の効果を高める上で重要であることに留意することが必要である。

イ　職場におけるセクシュアルハラスメントの内容及び職場におけるセクシュアルハラスメントを行ってはならない旨の方針を明確化し、管理監督者を含む労働者に周知・啓発すること。

（事業主の方針を明確化し、労働者に周知・啓発していると認められる例）

①　就業規則その他の職場における服務規律等を定めた文書において、職場におけるセクシュアルハラスメントを行ってはならない旨の方針を規定し、当該規定と併せて、職場におけるセクシュアルハラスメントの内容及び性別役割分担意識に基づく言動がセクシュアルハラスメントの発生の原因や背景となり得ることを、労働者に周知・啓発すること。

②　社内報、パンフレット、社内ホームページ等広報又は啓発のための資料等に職場におけるセクシュアルハラスメントの内容及び性別役割分担意識に基づく言動がセクシュアルハラスメントの発生の原因や背景となり得ること並びに職場におけるセクシュアルハラスメントを行ってはならない旨の方針を記載し、配布等すること。

③　職場におけるセクシュアルハラスメントの内容及び性別役割分担意識に基づく言動がセクシュアルハラスメントの発生の原因や背景となり得ること並びに職場におけるセクシュアルハラスメントを行ってはならない旨の方針を労働者に対して周知・啓発するための研修、講習等を実施すること。

ロ　職場におけるセクシュアルハラスメントに係る性的な言動を行った者については、厳正に対処する旨の方針及び対処の内容を就業規則その他の職場における服務規律等を定めた文書に規定し、管理監督者を含む労働者に周知・啓発すること。

（対処方針を定め、労働者に周知・啓発していると認められる例）

①　就業規則その他の職場における服務規律等を定めた文書において、職場におけるセクシュアルハラスメントに係る性的な言動を行った者に対する懲戒規定を定め、その内容を労働者に周知・啓発すること。

②　職場におけるセクシュアルハラスメントに係る性的な言動を行った者は、現行の就業規則その他の職場における服務規律等を定めた文書において定められている懲戒規定の適用の対象となる旨を明確化し、これを労働者に周知・啓発すること。

(2)　相談（苦情を含む。以下同じ。）に応じ、適切に対応するために必要な体制の整備

事業主は、労働者からの相談に対し、その内容や状況に応じ適切かつ柔軟に対応するために必要な体制の整備として、次の措置を講じなければならない。

イ　相談への対応のための窓口（以下「相談窓口」という。）をあらかじめ定め、労働者に周知すること。

（相談窓口をあらかじめ定めていると認められる例）

①　相談に対応する担当者をあらかじめ定めること。

②　相談に対応するための制度を設けること。

③　外部の機関に相談への対応を委託すること。

ロ　イの相談窓口の担当者が、相談に対し、その内容や状況に応じ適切に対応できるようにすること。また、相談窓口においては、被害を受けた労働者が萎縮するなどして相談を躊躇する例もあること等も踏まえ、相談者の心身の状況や当該言動が行われた際の受け止めなどその認識にも配慮しながら、職場におけるセクシュアルハラスメントが現実に生じている場合だけでなく、その発生のおそれがある場合や、職場におけるセクシュアルハラスメントに該当するか否か微妙な場合であっても、広く相談に対応し、適切な対応を行うようにすること。例えば、放置すれば就業環境を害するおそれがある場合や、性別役割分担意識に基づく言動が原因や背景となってセクシュアルハラスメントが生じるおそれがある場合等が考えられる。

（相談窓口の担当者が適切に対応することができるようにしていると認められる例）

①　相談窓口の担当者が相談を受けた場合、その内容や状況に応じて、相談窓口の担当者と人事部門とが連携を図ることができる仕組みとすること。

②　相談窓口の担当者が相談を受けた場合、あらかじめ作成した留意点などを記載したマニュアルに基づき対応すること。

③　相談窓口の担当者に対し、相談を受けた場合の対応についての研修を行うこと。

(3)　職場におけるセクシュアルハラスメントに係る事後の迅速かつ適切な対応

事業主は、職場におけるセクシュアルハラスメントに係る相談の申出があった場合において、その事案に係る事実関係の迅速かつ正確な確認及び適正な対処として、次の措置を講じなければならない。

イ　事案に係る事実関係を迅速かつ正確に確認すること。なお、セクシュアルハラスメントに係る性的な言動の行為者とされる者（以下「行為者」という。）が、他の事業

主が雇用する労働者又は他の事業主（その者が法人である場合にあっては、その役員）である場合には、必要に応じて、他の事業主に事実関係の確認への協力を求めることも含まれる。

（事案に係る事実関係を迅速かつ正確に確認していると認められる例）

① 相談窓口の担当者、人事部門又は専門の委員会等が、相談を行った労働者（以下「相談者」という。）及び行為者の双方から事実関係を確認すること。その際、相談者の心身の状況や当該言動が行われた際の受け止めなどその認識にも適切に配慮すること。

また、相談者と行為者との間で事実関係に関する主張に不一致があり、事実の確認が十分にできないと認められる場合には、第三者からも事実関係を聴取する等の措置を講ずること。

② 事実関係を迅速かつ正確に確認しようとしたが、確認が困難な場合などにおいて、法第18条に基づく調停の申請を行うことその他中立な第三者機関に紛争処理を委ねること。

ロ イにより、職場におけるセクシュアルハラスメントが生じた事実が確認できた場合においては、速やかに被害者を受けた労働者（以下「被害者」という。）に対する配慮のための措置を適正に行うこと。

（措置を適正に行っていると認められる例）

① 事案の内容や状況に応じ、被害者と行為者の間の関係改善に向けての援助、被害者と行為者を引き離すための配置転換、行為者の謝罪、被害者の労働条件上の不利益の回復、管理監督者又は事業場内産業保健スタッフ等による被害者のメンタルヘルス不調への相談対応等の措置を講ずること。

② 法第18条に基づく調停その他中立な第三者期間の紛争解決案に従った措置を被害者に対して講ずること。

ハ イにより、職場におけるセクシュアルハラスメントが生じた事実が確認できた場合においては、行為者に対する措置を適正に行うこと。

（措置を適正に行っていると認められる例）

① 就業規則その他の職場における服務規律等を定めた文書における職場におけるセクシュアルハラスメントに関する規定等に基づき、行為者に対して必要な懲戒その他の措置を講ずること。あわせて事案の内容や状況に応じ、被害者と行為者の間の関係改善に向けての援助、被害者と行為者を引き離すための配置転換、行為者の謝罪等の措置を講ずること。

② 法第18条に基づく調停その他中立な第三者機関の紛争解決案に従った措置を行為者に対して講ずること。

ニ 改めて職場におけるセクシュアルハラスメントに関する方針を周知・啓発する等の再発防止に向けた措置を講ずること。

なお、セクシュアルハラスメントに係る性的な言動の行為者が、他の事業主が雇用する労働者又は他の事業主（その者が法人である場合にあっては、その役員）である場合には、必要に応じて、他の事業主に再発防止に向けた措置への協力を求めることも含まれる。

また、職場におけるセクシュアルハラスメントが生じた事実が確認できなかった場合においても、同様の措置を講ずること。

（再発防止に向けた措置を講じていると認められる例）

① 職場におけるセクシュアルハラスメントを行ってはならない旨の方針及び職場におけるセクシュアルハラスメントに係る性的な言動を行った者について厳正に対処する旨の方針を、社内報、パンフレット、社内ホームページ等広報又は啓発のための資料等に改めて掲載し、配布等すること。

② 労働者に対して職場におけるセクシュアルハラスメントに関する意識を啓発するための研修、講習等を改めて実施すること。

(4) (1)から(3)までの措置と併せて講ずべき措置

(1)から(3)までの措置を講ずるに際しては、併せて次の措置を講じなければならない。

イ 職場におけるセクシュアルハラスメントに係る相談者・行為者等の情報は当該相談者・行為者等のプライバシーに属するものであることから、相談への対応又は当該セクシュアルハラスメントに係る事後の対応に当たっては、相談者・行為者等のプライバシーを保護するために必要な措置を講ずるとともに、その旨を労働者に対して周知すること。

（相談者・行為者等のプライバシーを保護するために必要な措置を講じていると認められる例）

① 相談者・行為者等のプライバシーの保護のために必要な事項をあらかじめマニュアルに定め、相談窓口の担当者が相談を受けた際には、当該マニュアルに基づき対応するものとすること。

② 相談者・行為者等のプライバシーの保護のために、相談窓口の担当者に必要な研修を行うこと。

③ 相談窓口においては相談者・行為者等のプライバシーを保護するために必要な措置を講じていることを、社内報、パンフレット、社内ホームページ等広報又は啓発のための資料等に掲載し、配布等すること。

ロ 法第11条第２項、第17条第２項及び第18条第２項の規定を踏まえ、労働者が職場におけるセクシュアルハラスメントに関し相談をしたこと若しくは事実関係の確認等の事業主の雇用管理上講ずべき措置に協力したこと、都道府県労働局に対して相談、紛争解決の援助の求め若しくは調停の申請を行ったこと又は調停の出頭の求めに応じたこと（以下「セクシュアルハラスメントの相談等」という。）を理由として、解雇その他不利益な取扱いをされない旨を定め、労働者に周知・啓発すること。

（不利益な取扱いをされない旨を定め、労働者にその周知・啓発することについて措置を講じていると認められる例）

① 就業規則その他の職場における服務規律等を定めた文書において、セクシュアルハラスメントの相談等を理由として、当該労働者が解雇等の不利益な取扱いをされない旨を規定し、労働者に周知・啓発をすること。

② 社内報、パンフレット、社内ホームページ等広報又は啓発のための資料等に、セクシュアルハラスメントの相談等を理由として、当該労働者が解雇等の不利益な取扱いをされない旨を記載し、労働者に配布等すること。

5　他の事業主の講ずる雇用管理上の措置の実施に関する協力

法第11条第３項の規定により、事業主は、当該事業主が雇用する労働者又は当該事業主（その者が法人である場合にあっては、その役員）による他の事業主の雇用する労働者に対する職場におけるセクシュアルハラスメントに関し、他の事業主から、事実関係の確認等の雇用管理上の措置の実施に関し必要な協力を求められた場合には、これに応ずるように努めなければならない。

また、同項の規定の趣旨に鑑みれば、事業主が、他の事業主から雇用管理上の措置への協力を求められたことを理由として、当該事業主に対し、当該事業主との契約を解除する等の不利益な取扱いを行うことは望ましくないものである。

6　事業主が職場における性的な言動に起因する問題に関し行うことが望ましい取組の内容

事業主は、職場におけるセクシュアルハラスメントを防止するため、４の措置に加え、次の取組を行うことが望ましい。

⑴　職場におけるセクシュアルハラスメントは、パワーハラスメント（事業主が職場における優越的な関係を背景とした言動に起因する問題に関して雇用管理上講ずべき措置等についての指針（令和２年厚生労働省告示第５号）に規定する「職場におけるパワーハラスメント」をいう。以下同じ。）、妊娠、出産等に関するハラスメント（事業主が職場における妊娠、出産等に関する言動に起因する問題に関して雇用管理上講ずべき措置等についての指針（平成28年厚生労働省告示第312号）に規定する「職場における妊娠、出産等に関するハラスメント」をいう。）、育児休業等に関するハラスメント（子の養育又は家族の介護を行い、又は行うこととなる労働者の職業生活と家庭生活との両立が図られるようにするために事業主が講ずべき措置等に関する指針（平成21年厚生労働省告示第509号）に規定する「職場における育児休業等に関するハラスメント」をいう。）その他のハラスメントと複合的に生じることも想定されることから、事業主は、例えば、パワーハラスメント等の相談窓口と一体的に、職場におけるセクシュアルハラスメントの相談窓口を設置し、一元的に相談に応じることのできる体制を整備することが望ましい。

（一元的に相談に応じることのできる体制の例）

①　相談窓口で受け付けることのできる相談として、職場におけるセクシュアルハラスメントのみならず、パワーハラスメント等も明示すること。

②　職場におけるセクシュアルハラスメントの相談窓口がパワーハラスメント等の相談窓口を兼ねること。

⑵　事業主は、４の措置を講じる際に、必要に応じて、労働者や労働組合等の参画を得つつ、アンケート調査や意見交換等を実施するなどにより、その運用状況の的確な把握や必要な見直しの検討等に努めることが重要である。なお、労働者や労働組合等の参画を得る方法として、例えば、労働安全衛生法（昭和47年法律第57号）第18条第１項に規定する衛生委員会の活用なども考えられる。

7　事業主が自らの雇用する労働者以外の者に対する言動に関し行うことが望ましい取組の内容

３の事業主及び労働者の責務の趣旨に鑑みれば、事業主は、当該事業主が雇用する労働者が、他の労働者（他の事業主が雇用する労働者及び求職者を含む。）のみならず、個人事業主、インターンシップを行っている者等の労働者以外の者に対する言動についても必要な注意を払うよう配慮するとともに、事業主（その者が法人である場合にあっては、その役員）自らと労働者も、労働者以外の者に対する言動について必要な注意を払うよう努めることが望ましい。

こうした責務の趣旨も踏まえ、事業主は、4(1)イの職場におけるセクシュアルハラスメントを行ってはならない旨の方針の明確化等を行う際に、当該事業主が雇用する労働者以外の者（他の事業主が雇用する労働者、就職活動中の学生等の求職者及び労働者以外の者）に対する言動についても、同様の方針を併せて示すことが望ましい。

また、これらの者から職場におけるセクシュアルハラスメントに類すると考えられる相談があった場合には、その内容を踏まえて、4の措置も参考にしつつ、必要に応じて適切な対応を行うように努めることが望ましい。

事業主が職場における妊娠、出産等に関する言動に起因する問題に関して雇用管理上講ずべき措置等についての指針

（平成28年厚生労働省告示第312号　最終改正：令和2年1月15日厚生労働省告示第6号）

※令和２年６月１日から適用。下線は改正部分

事業主が職場における妊娠、出産等に関する言動に起因する問題に関して雇用管理上講ずべき措置等についての指針

１　はじめに

この指針は、雇用の分野における男女の均等な機会及び待遇の確保等に関する法律（昭和47年法律第113号。以下「法」という。）第11条の３第１項及び第２項に規定する事業主が職場において行われるその雇用する女性労働者に対する当該女性労働者が妊娠したこと、出産したことその他の妊娠又は出産に関する事由であって雇用の分野における男女の均等な機会及び待遇の確保等に関する法律施行規則（昭和61年労働省令第２号。以下「均等則」という。）第２条の３で定めるもの（以下「妊娠、出産等」という。）に関する言動により当該女性労働者の就業環境が害されること（以下「職場における妊娠、出産等に関するハラスメント」という。）のないよう雇用管理上講ずべき措置等について、法第11条の３第３項の規定に基づき事業主が適切かつ有効な実施を図るために必要な事項について定めたものである。

２　職場における妊娠、出産等に関するハラスメントの内容

⑴　職場における妊娠、出産等に関するハラスメントには、上司又は同僚から行われる以下のものがある。なお、業務分担や安全配慮等の観点から、客観的にみて、業務上の必要性に基づく言動によるものについては、職場における妊娠、出産等に関するハラスメントには該当しない。

イ　その雇用する女性労働者の労働基準法（昭和22年法律第49号）第65条第１項の規定による休業その他の妊娠又は出産に関する制度又は措置の利用に関する言動により就業環境が害されるもの（以下「制度等の利用への嫌がらせ型」という。）

ロ　その雇用する女性労働者が妊娠したこと、出産したことその他の妊娠又は出産に関する言動により就業環境が害されるもの（以下「状態への嫌がらせ型」という。）

⑵　「職場」とは、事業主が雇用する女性労働者が業務を遂行する場所を指し、当該女性労働者が通常就業している場所以外の場所であっても、当該女性労働者が業務を遂行する場所については、「職場」に含まれる。

⑶　「労働者」とは、いわゆる正規雇用労働者のみならず、パートタイム労働者、契約社員等いわゆる非正規雇用労働者を含む事業主が雇用する労働者の全てをいう。また、派遣労働者については、派遣元事業主のみならず、労働者派遣の役務の提供を受ける者についても、労働者派遣事業の適正な運営の確保及び派遣労働者の保護等に関する法律（昭和60年法律第88号）第47条の２の規定により、その指揮命令の下に労働させる派遣労働者を雇用する事業主とみなされ、法第11条の３第１項及び第11条の４第２項の規定が適用されることから、労働者派遣の役務の提供を受ける者は、派遣労働者についてもその雇用する労働者と同様に、３⑴の配慮及び４の措置を講ずることが必要である。なお、

法第11条の３第２項、第17条第２項及び第18条第２項の労働者に対する不利益な取扱いの禁止については、派遣労働者も対象に含まれるものであり、派遣元事業主のみならず、労働者派遣の役務の提供を受ける者もまた、当該者に派遣労働者が職場における妊娠・出産等に関するハラスメントの相談を行ったこと等を理由として、当該派遣労働者に係る労働者派遣の役務の提供を拒む等、当該派遣労働者に対する不利益な取扱いを行ってはならない。

⑷「制度等の利用への嫌がらせ型」とは、具体的には、イ①から⑥までに掲げる制度又は措置（以下「制度等」という。）の利用に関する言動により就業環境が害されるものである。典型的な例として、ロに掲げるものがあるが、ロに掲げるものは限定列挙ではないことに留意が必要である。

イ　制度等

①　妊娠中及び出産後の健康管理に関する措置（母性健康管理措置）（均等則第２条の３第３号関係）

②　坑内業務の就業制限及び危険有害業務の就業制限（均等則第２条の３第４号関係）

③　産前休業（均等則第２条の３第５号関係）

④　軽易な業務への転換（均等則第２条の３第６号関係）

⑤　変形労働時間制がとられる場合における法定労働時間を超える労働時間の制限、時間外労働及び休日労働の制限並びに深夜業の制限（均等則第２条の３第７号関係）

⑥　育児時間（均等則第２条の３第８号関係）

ロ　典型的な例

①　解雇その他不利益な取扱い（法第９条第３項に規定する解雇その他不利益な取扱いをいう。以下同じ。）を示唆するもの

女性労働者が、制度等の利用の請求等（措置の求め、請求又は申出をいう。以下同じ。）をしたい旨を上司に相談したこと、制度等の利用の請求等をしたこと、又は制度等の利用をしたことにより、上司が当該女性労働者に対し、解雇その他不利益な取扱いを示唆すること。

②　制度等の利用の請求等又は制度等の利用を阻害するもの

客観的にみて、言動を受けた女性労働者の制度等の利用の請求等又は制度等の利用が阻害されるものが該当する。

（イ）　女性労働者が制度等の利用の請求等をしたい旨を上司に相談したところ、上司が当該女性労働者に対し、当該請求等をしないよう言うこと。

（ロ）　女性労働者が制度等の利用の請求等をしたところ、上司が当該女性労働者に対し、当該請求等を取り下げるよう言うこと。

（ハ）　女性労働者が制度等の利用の請求等をしたい旨を同僚に伝えたところ、同僚が当該女性労働者に対し、繰り返し又は継続的に当該請求等をしないよう言うこと（当該女性労働者がその意に反することを当該同僚に明示しているにもかかわらず、更に言うことを含む。）。

（ニ）　女性労働者が制度等の利用の請求等をしたところ、同僚が当該女性労働者に対し、繰り返し又は継続的に当該請求等を取り下げるよう言うこと（当該女性労働者がその意に反することを当該同僚に明示しているにもかかわらず、更に言うことを

含む。)。

③　制度等の利用をしたことにより嫌がらせ等をするもの

客観的にみて、言動を受けた女性労働者の能力の発揮や継続就業に重大な悪影響が生じる等当該女性労働者が就業する上で看過できない程度の支障が生じるようなものが該当する。女性労働者が制度等の利用をしたことにより、上司又は同僚が当該女性労働者に対し、繰り返し又は継続的に嫌がらせ等(嫌がらせ的な言動、業務に従事させないこと又は専ら雑務に従事させることをいう。以下同じ。)をすること(当該女性労働者がその意に反することを当該上司又は同僚に明示しているにもかかわらず、更に言うことを含む。)。

(5)「状態への嫌がらせ型」とは、具体的には、イ①から⑤までに掲げる妊娠又は出産に関する事由(以下「妊娠等したこと」という。)に関する言動により就業環境が害されるものである。典型的な例として、ロに掲げるものがあるが、ロに掲げるものは限定列挙ではないことに留意が必要である。

イ　妊娠又は出産に関する事由

①　妊娠したこと(均等則第2条の3第1号関係)。

②　出産したこと(均等則第2条の3第2号関係)。

③　坑内業務の就業制限若しくは危険有害業務の就業制限の規定により業務に就くことができないこと又はこれらの業務に従事しなかったこと(均等則第2条の3第4号関係)。

④　産後の就業制限の規定により就業できず、又は産後休業をしたこと(均等則第2条の3第5号関係)。

⑤　妊娠又は出産に起因する症状により労務の提供ができないこと若しくはできなかったこと又は労働能率が低下したこと(均等則第2条の3第9号関係)。なお、「妊娠又は出産に起因する症状」とは、つわり、妊娠悪阻、切迫流産、出産後の回復不全等、妊娠又は出産をしたことに起因して妊産婦に生じる症状をいう。

ロ　典型的な例

①　解雇その他不利益な取扱いを示唆するもの

女性労働者が妊娠等したことにより、上司が当該女性労働者に対し、解雇その他不利益な取扱いを示唆すること。

②　妊娠等したことにより嫌がらせ等をするもの

客観的にみて、言動を受けた女性労働者の能力の発揮や継続就業に重大な悪影響が生じる等当該女性労働者が就業する上で看過できない程度の支障が生じるようなものが該当する。女性労働者が妊娠等したことにより、上司又は同僚が当該女性労働者に対し、繰り返し又は継続的に嫌がらせ等をすること(当該女性労働者がその意に反することを当該上司又は同僚に明示しているにもかかわらず、更に言うことを含む。)。

3　事業主等の責務

(1)　事業主の責務

法第11条の4第2項の規定により、事業主は、職場における妊娠、出産等に関するハラスメントを行ってはならないことその他職場における妊娠、出産等に関するハラスメントに起因する問題（以下「妊娠、出産等に関するハラスメント問題」という。）に対するその雇用する労働者の関心と理解を深めるとともに、当該労働者が他の労働者（他の事業主が雇用する労働者及び求職者を含む。⑵において同じ。）に対する言動に必要な注意を払うよう、研修の実施その他の必要な配慮をするほか、国の講ずる同条第１項の広報活動、啓発活動その他の措置に協力するように努めなければならない。なお、職場における妊娠、出産等に関するハラスメントに起因する問題としては、例えば、労働者の意欲の低下などによる職場環境の悪化や職場全体の生産性の低下、労働者の健康状態の悪化、休職や退職などにつながり得ること、これらに伴う経営的な損失等が考えられる。

また、事業主（その者が法人である場合にあっては、その役員）は、自らも、妊娠、出産等に関するハラスメント問題に対する関心と理解を深め、労働者（他の事業主が雇用する労働者及び求職者を含む。）に対する言動に必要な注意を払うように努めなければならない。

⑵　労働者の責務

法第11条の４第４項の規定により、労働者は、妊娠、出産等に関するハラスメント問題に対する関心と理解を深め、他の労働者に対する言動に必要な注意を払うとともに、事業主の講ずる４の措置に協力するように努めなければならない。

４　事業主が職場における妊娠、出産等に関する言動に起因する問題に関し雇用管理上講ずべき措置の内容

事業主は、職場における妊娠、出産等に関するハラスメントを防止するため、雇用管理上次の措置を講じなければならない。なお、事業主が行う妊娠、出産等を理由とする不利益取扱い（就業環境を害する行為を含む。）については、既に法第９条第３項で禁止されており、こうした不利益取扱いを行わないため、当然に自らの行為の防止に努めることが求められる。

⑴　事業主の方針等の明確化及びその周知・啓発

事業主は、職場における妊娠、出産等に関するハラスメントに対する方針の明確化、労働者に対するその方針の周知・啓発として、次の措置を講じなければならない。

なお、周知・啓発をするに当たっては、職場における妊娠、出産等に関するハラスメントの防止の効果を高めるため、その発生の原因や背景について労働者の理解を深めることが重要である。その際、職場における妊娠、出産等に関するハラスメントの発生の原因や背景には、（ⅰ）妊娠、出産等に関する否定的な言動（不妊治療に対する否定的な言動を含め、他の女性労働者の妊娠、出産等の否定につながる言動（当該女性労働者に直接行わない言動も含む。）をいい、単なる自らの意思の表明を除く。以下同じ。）が頻繁に行われるなど制度等の利用又は制度等の利用の請求等をしにくい職場風土や、（ⅱ）制度等の利用ができることの職場における周知が不十分であることなどもあると考えられる。そのため、これらを解消していくことが職場における妊娠、出産等に関するハラスメントの防止の効果を高める上で重要であることに留意することが必要である。

イ　職場における妊娠、出産等に関するハラスメントの内容（以下「ハラスメントの内容」という。）及び妊娠、出産等に関する否定的な言動が職場における妊娠、出産等に関するハラスメントの発生の原因や背景となり得ること（以下「ハラスメントの背

景等」という。)、職場における妊娠、出産等に関するハラスメントを行ってはならない旨の方針(以下「事業主の方針」という。)並びに制度等の利用ができる旨を明確化し、管理監督者を含む労働者に周知・啓発すること。

(事業主の方針等を明確化し、労働者に周知・啓発していると認められる例)

① 就業規則その他の職場における服務規律等を定めた文書において、事業主の方針及び制度等の利用ができる旨について規定し、当該規定と併せて、ハラスメントの内容及びハラスメントの背景等を労働者に周知・啓発すること。

② 社内報、パンフレット、社内ホームページ等広報又は啓発のための資料等にハラスメントの内容及びハラスメントの背景等、事業主の方針並びに制度等の利用ができる旨について記載し、配布等すること。

③ ハラスメントの内容及びハラスメントの背景等、事業主の方針並びに制度等の利用ができる旨を労働者に対して周知・啓発するための研修、講習等を実施すること。

ロ 職場における妊娠、出産等に関するハラスメントに係る言動を行った者については、厳正に対処する旨の方針及び対処の内容を就業規則その他の職場における服務規律等を定めた文書に規定し、管理監督者を含む労働者に周知・啓発すること。

(対処方針を定め、労働者に周知・啓発していると認められる例)

① 就業規則その他の職場における服務規律等を定めた文書において、職場における妊娠、出産等に関するハラスメントに係る言動を行った者に対する懲戒規定を定め、その内容を労働者に周知・啓発すること。

② 職場における妊娠、出産等に関するハラスメントに係る言動を行った者は、現行の就業規則その他の職場における服務規律等を定めた文書において定められている懲戒規定の適用の対象となる旨を明確化し、これを労働者に周知・啓発すること。

(2) 相談(苦情を含む。以下同じ。)に応じ、適切に対応するために必要な体制の整備

事業主は、労働者からの相談に対し、その内容や状況に応じ適切かつ柔軟に対応するために必要な体制の整備として、イ及びロの措置を講じなければならず、また、ハの措置を講ずることが望ましい。

イ 相談への対応のための窓口(以下「相談窓口」という。)をあらかじめ定め、労働者に周知すること。

(相談窓口をあらかじめ定めていると認められる例)

① 相談に対応する担当者をあらかじめ定めること。

② 相談に対応するための制度を設けること。

③ 外部の機関に相談への対応を委託すること。

ロ イの相談窓口の担当者が、相談に対し、その内容や状況に応じ適切に対応できるようにすること。また、相談窓口においては、被害を受けた労働者が萎縮するなどして相談を躊躇する例もあること等も踏まえ、相談者の心身の状況や当該言動が行われた際の受け止めなどその認識にも配慮しながら、職場における妊娠、出産等に関するハラスメントが現実に生じている場合だけでなく、その発生のおそれがある場合や、職場における妊娠、出産等に関するハラスメントに該当するか否か微妙な場合等であっても、広く相談に対応し、適切な対応を行うようにすること。例えば、放置すれば就業環境を害するおそれがある場合や、妊娠、出産等に関する否定的な言動が原因や背

景となって職場における妊娠、出産等に関するハラスメントが生じるおそれがある場合等が考えられる。

（相談窓口の担当者が適切に対応することができるようにしていると認められる例）

① 相談窓口の担当者が相談を受けた場合、その内容や状況に応じて、相談窓口の担当者と人事部門とが連携を図ることができる仕組みとすること。

② 相談窓口の担当者が相談を受けた場合、あらかじめ作成した留意点などを記載したマニュアルに基づき対応すること。

③ 相談窓口の担当者に対し、相談を受けた場合の対応についての研修を行うこと。

(3) 職場における妊娠、出産等に関するハラスメントに係る事後の迅速かつ適切な対応

事業主は、職場における妊娠、出産等に関するハラスメントに係る相談の申出があった場合において、その事案に係る事実関係の迅速かつ正確な確認及び適正な対処として、次の措置を講じなければならない。

イ 事案に係る事実関係を迅速かつ正確に確認すること。

（事案に係る事実関係を迅速かつ正確に確認していると認められる例）

① 相談窓口の担当者、人事部門又は専門の委員会等が、相談を行った労働者（以下「相談者」という。）及び職場における妊娠、出産等に関するハラスメントに係る言動の行為者とされる者（以下「行為者」という。）の双方から事実関係を確認すること。その際、相談者の心身の状況や当該言動が行われた際の受け止めなどその認識にも適切に配慮すること。

また、相談者と行為者との間で事実関係に関する主張に不一致があり、事実の確認が十分にできないと認められる場合には、第三者からも事実関係を聴取する等の措置を講ずること。

② 事実関係を迅速かつ正確に確認しようとしたが、確認が困難な場合などにおいて、法第18条に基づく調停の申請を行うことその他中立な第三者機関に紛争処理を委ねること。

ロ イにより、職場における妊娠、出産等に関するハラスメントが生じた事実が確認できた場合においては、速やかに被害を受けた労働者（以下「被害者」という。）に対する配慮のための措置を適正に行うこと。

（措置を適正に行っていると認められる例）

① 事案の内容や状況に応じ、被害者の職場環境の改善又は迅速な制度等の利用に向けての環境整備、被害者と行為者の間の関係改善に向けての援助、行為者の謝罪、管理監督者又は事業場内産業保健スタッフ等による被害者のメンタルヘルス不調への相談対応等の措置を講ずること。

② 法第18条に基づく調停その他中立な第三者機関の紛争解決案に従った措置を被害者に対して講ずること。

ハ イにより、職場における妊娠、出産等に関するハラスメントが生じた事実が確認できた場合においては、行為者に対する措置を適正に行うこと。

（措置を適正に行っていると認められる例）

① 就業規則その他の職場における服務規律等を定めた文書における職場における妊娠、出産等に関するハラスメントに関する規定等に基づき、行為者に対して必要な懲戒その他の措置を講ずること。あわせて、事案の内容や状況に応じ、被害者と行

為者の間の関係改善に向けての援助、行為者の謝罪等の措置を講ずること。

② 法第18条に基づく調停その他中立な第三者機関の紛争解決案に従った措置を行為者に対して講ずること。

ニ 改めて職場における妊娠、出産等に関するハラスメントに関する方針を周知・啓発する等の再発防止に向けた措置を講ずること。

なお、職場における妊娠、出産等に関するハラスメントが生じた事実が確認できなかった場合においても、同様の措置を講ずること。

（再発防止に向けた措置を講じていると認められる例）

① 事業主の方針、制度等の利用ができる旨及び職場における妊娠、出産等に関するハラスメントに係る言動を行った者について厳正に対処する旨の方針を、社内報、パンフレット、社内ホームページ等広報又は啓発のための資料等に改めて掲載し、配布等すること。

② 労働者に対して職場における妊娠、出産等に関するハラスメントに関する意識を啓発するための研修、講習等を改めて実施すること。

⑷ 職場における妊娠、出産等に関するハラスメントの原因や背景となる要因を解消するための措置

事業主は、職場における妊娠、出産等に関するハラスメントの原因や背景となる要因を解消するため、業務体制の整備など、事業主や妊娠等した労働者その他の労働者の実情に応じ、必要な措置を講じなければならない（派遣労働者にあっては、派遣元事業主に限る。）。

なお、措置を講ずるに当たっては、

（ⅰ） 職場における妊娠、出産等に関するハラスメントの背景には妊娠、出産等に関する否定的な言動もあるが、当該言動の要因の一つには、妊娠した労働者がつわりなどの体調不良のため労務の提供ができないことや労働能率が低下すること等により、周囲の労働者の業務負担が増大することもあることから、周囲の労働者の業務負担等にも配慮すること

（ⅱ） 妊娠等した労働者の側においても、制度等の利用ができるという知識を持つことや、周囲と円滑なコミュニケーションを図りながら自身の体調等に応じて適切に業務を遂行していくという意識を持つこと

のいずれも重要であることに留意することが必要である（5⑵において同じ。）。

（業務体制の整備など、必要な措置を講じていると認められる例）

① 妊娠等した労働者の周囲の労働者への業務の偏りを軽減するよう、適切に業務分担の見直しを行うこと。

② 業務の点検を行い、業務の効率化等を行うこと。

⑸ ⑴から⑷までの措置と併せて講ずべき措置

⑴から⑷までの措置を講ずるに際しては、併せて次の措置を講じなければならない。

イ 職場における妊娠、出産等に関するハラスメントに係る相談者・行為者等の情報は当該相談者・行為者等のプライバシーに属するものであることから、相談への対応又は当該妊娠、出産等に関するハラスメントに係る事後の対応に当たっては、相談者・行為者等のプライバシーを保護するために必要な措置を講ずるとともに、その旨を労働者に対して周知すること。

（相談者・行為者等のプライバシーを保護するために必要な措置を講じていると認められる例）

① 相談者・行為者等のプライバシーの保護のために必要な事項をあらかじめマニュアルに定め、相談窓口の担当者が相談を受けた際には、当該マニュアルに基づき対応するものとすること。

② 相談者・行為者等のプライバシーの保護のために、相談窓口の担当者に必要な研修を行うこと。

③ 相談窓口においては相談者・行為者等のプライバシーを保護するために必要な措置を講じていることを、社内報、パンフレット、社内ホームページ等広報又は啓発のための資料等に掲載し、配布等すること。

ロ 法第11条の３第２項、第17条第２項及び第18条第２項の規定を踏まえ、労働者が職場における妊娠、出産等に関するハラスメントに関し相談をしたこと若しくは事実関係の確認等の事業主の雇用管理上講ずべき措置に協力したこと、都道府県労働局に対して相談、紛争解決の援助の求め若しくは調停の申請を行ったこと又は調停の出頭の求めに応じたこと（以下「妊娠・出産等に関するハラスメントの相談等」という。）を理由として、解雇その他不利益な取扱いをされない旨を定め、労働者に周知・啓発すること。

（不利益な取扱いをされない旨を定め、労働者にその周知・啓発することについて措置を講じていると認められる例）

① 就業規則その他の職場における服務規律等を定めた文書において、妊娠・出産等に関するハラスメントの相談等を理由として、当該労働者が解雇等の不利益な取扱いをされない旨を規定し、労働者に周知・啓発をすること。

② 社内報、パンフレット、社内ホームページ等広報又は啓発のための資料等に、妊娠・出産等に関するハラスメントの相談等を理由として、当該労働者が解雇等の不利益な取扱いをされない旨を記載し、労働者に配布等すること。

5 事業主が職場における妊娠、出産等に関する言動に起因する問題に関し行うことが望ましい取組の内容

事業主は、職場における妊娠・出産等に関するハラスメントを防止するため、４の措置に加え、次の取組を行うことが望ましい。

(1) 職場における妊娠、出産等に関するハラスメントは、育児休業等に関するハラスメント（子の養育又は家族の介護を行い、又は行うこととなる労働者の職業生活と家庭生活との両立が図られるようにするために事業主が講ずべき措置等に関する指針（平成21年厚生労働省告示第509号）に規定する「職場における育児休業等に関するハラスメント」をいう。）、セクシュアルハラスメント（事業主が職場における性的な言動に起因する問題に関して雇用管理上講ずべき措置等についての指針（平成18年厚生労働省告示第615号）に規定する「職場におけるセクシュアルハラスメント」をいう。以下同じ。）、パワーハラスメント（事業主が職場における優越的な関係を背景とした言動に起因する問題に関して雇用管理上講ずべき措置等についての指針（令和２年厚生労働省告示第５号）に規定する「職場におけるパワーハラスメント」をいう。）その他のハラスメントと複合的に生じることも想定されることから、事業主は、例えば、セクシュアルハラスメント等の相談窓口と一体的に、職場における妊娠、出産等に関するハラスメントの相談窓

口を設置し、一元的に相談に応じることのできる体制を整備することが望ましい。

（一元的に相談に応じることのできる体制の例）

① 相談窓口で受け付けることのできる相談として、職場における妊娠、出産等に関するハラスメントのみならず、セクシュアルハラスメント等も明示すること。

② 職場における妊娠、出産等に関するハラスメントの相談窓口がセクシュアルハラスメント等の相談窓口を兼ねること。

(2) 事業主は、職場における妊娠、出産等に関するハラスメントの原因や背景となる要因を解消するため、妊娠等した労働者の側においても、制度等の利用ができるという知識を持つことや、周囲と円滑なコミュニケーションを図りながら自身の体調等に応じて適切に業務を遂行していくという意識を持つこと等を、妊娠等した労働者に周知・啓発することが望ましい。

（妊娠等した労働者への周知・啓発の例）

① 社内報、パンフレット、社内ホームページ等広報又は啓発のための資料等に、妊娠等した労働者の側においても、制度等の利用ができるという知識を持つことや、周囲と円滑なコミュニケーションを図りながら自身の体調等に応じて適切に業務を遂行していくという意識を持つこと等について記載し、妊娠等した労働者に配布等すること。

② 妊娠等した労働者の側においても、制度等の利用ができるという知識を持つことや、周囲と円滑なコミュニケーションを図りながら自身の体調等に応じて適切に業務を遂行していくという意識を持つこと等について、人事部門等から妊娠等した労働者に周知・啓発すること。

(3) 事業主は、4の措置を講じる際に、必要に応じて、労働者や労働組合等の参画を得つつ、アンケート調査や意見交換等を実施するなどにより、その運用状況の的確な把握や必要な見直しの検討等に努めることが重要である。なお、労働者や労働組合等の参画を得る方法として、例えば、労働安全衛生法（昭和47年法律第57号）第18条第1項に規定する衛生委員会の活用なども考えられる。

6 事業主が自らの雇用する労働者以外の者に対する言動に関し行うことが望ましい取組の内容

3の事業主及び労働者の責務の趣旨に鑑みれば、事業主は、当該事業主が雇用する労働者が、他の労働者（他の事業主が雇用する労働者及び求職者を含む。）のみならず、個人事業主、インターンシップを行っている者等の労働者以外の者に対する言動についても必要な注意を払うよう配慮するとともに、事業主（その者が法人である場合にあっては、その役員）自らと労働者も、労働者以外の者に対する言動について必要な注意を払うよう努めることが望ましい。

こうした責務の趣旨も踏まえ、事業主は、4(1)イの職場における妊娠、出産等に関するハラスメントを行ってはならない旨の方針の明確化等を行う際に、当該事業主が雇用する労働者以外の者（他の事業主が雇用する労働者、就職活動中の学生等の求職者及び労働者以外の者）に対する言動についても、同様の方針を併せて示すことが望ましい。

また、これらの者から職場における妊娠、出産等に関するハラスメントに類すると考えられる相談があった場合には、その内容を踏まえて、4の措置も参考にしつつ、必要に応じて適切な対応を行うように努めることが望ましい。

子の養育または家族の介護を行い、または行うこととなる労働者の職業生活と家庭生活との両立が図られるようにするために事業主が講ずべき措置等に関する指針の主な改正点（抜粋）

（平成21年厚生労働省告示第509号　最終改正：令和2年1月15日厚生労働省告示第6号）

※令和２年６月１日から適用。下線は改正部分

第二

一四

（二）事業主等の責務

イ　事業主の責務

法第二十五条の二第二項の規定により、事業主は、職場における育児休業等に関するハラスメントを行ってはならないことその他職場における育児休業等に関するハラスメントに起因する問題（以下「育児休業等に関するハラスメント問題」という。）に対するその雇用する労働者の関心と理解を深めるとともに、当該労働者が他の労働者（他の事業主が雇用する労働者及び求職者を含む。ロにおいて同じ。）に対する言動に必要な注意を払うよう、研修の実施その他の必要な配慮をするほか、国の講ずる同条第一項の広報活動、啓発活動その他の措置に協力するように努めなければならない。なお、職場における育児休業等に関するハラスメントに起因する問題としては、例えば、労働者の意欲の低下などによる職場環境の悪化や職場全体の生産性の低下、労働者の健康状態の悪化、休職や退職などにつながり得ること、これらに伴う経営的な損失等が考えられること。

また、事業主（その者が法人である場合にあっては、その役員）は、自らも、育児休業等に関するハラスメント問題に対する関心と理解を深め、労働者（他の事業主が雇用する労働者及び求職者を含む。）に対する言動に必要な注意を払うように努めなければならないこと。

ロ　労働者の責務

法第二十五条の二第四項の規定により、労働者は、育児休業等に関するハラスメント問題に対する関心と理解を深め、他の労働者に対する言動に必要な注意を払うとともに、事業主の講ずる㈢の措置に協力するように努めなければならないこと。

（四）事業主が職場における育児休業等に関する言動に起因する問題に関し行うことが望ましい取組の内容

事業主は、職場における育児休業等に関するハラスメントを防止するため、㈢の措置に加え、次の取組を行うことが望ましいこと。

イ　職場における育児休業等に関するハラスメントは、妊娠、出産等に関するハラスメント（事業主が職場における妊娠、出産等に関する言動に起因する問題に関して雇用管理上講ずべき措置等についての指針（平成二十八年厚生労働省告示第三百十二号）に規定する「職場における妊娠、出産等に関するハラスメント」をいう。）、セクシュ

アルハラスメント（事業主が職場における性的な言動に起因する問題に関して雇用管理上講ずべき措置等についての指針（平成十八年厚生労働省告示第六百十五号）に規定する「職場におけるセクシュアルハラスメント」をいう。以下同じ。）、パワーハラスメント（事業主が職場における優越的な関係を背景とした言動に起因する問題に関して雇用管理上講ずべき措置等についての指針（令和二年厚生労働省告示第五号）に規定する「職場におけるパワーハラスメント」をいう。）その他のハラスメントと複合的に生じることも想定されることから、事業主は、例えば、セクシュアルハラスメント等の相談窓口と一体的に、職場における育児休業等に関するハラスメントの相談窓口を設置し、一元的に相談に応じることのできる体制を整備することが望ましいこと。

（一元的に相談に応じることのできる体制の例）

① 相談窓口で受け付けることのできる相談として、職場における育児休業等に関するハラスメントのみならず、セクシュアルハラスメント等も明示すること。

② 職場における育児休業等に関するハラスメントの相談窓口がセクシュアルハラスメント等の相談窓口を兼ねること。

ロ 事業主は、職場における育児休業等に関するハラスメントの原因や背景となる要因を解消するため、労働者の側においても、制度等の利用ができるという知識を持つことや、周囲と円滑なコミュニケーションを図りながら自身の制度の利用状況等に応じて適切に業務を遂行していくという意識を持つこと等を、制度等の利用の対象となる労働者に周知・啓発することが望ましいこと（派遣労働者にあっては、派遣元事業主に限る。）。

（制度等の利用の対象となる労働者への周知・啓発の例）

① 社内報、パンフレット、社内ホームページ等広報又は啓発のための資料等に、労働者の側においても、制度等の利用ができるという知識を持つことや、周囲と円滑なコミュニケーションを図りながら自身の制度の利用状況等に応じて適切に業務を遂行していくという意識を持つこと等について記載し、制度等の利用の対象となる労働者に配布等すること。

② 労働者の側においても、制度等の利用ができるという知識を持つことや、周囲と円滑なコミュニケーションを図りながら自身の制度の利用状況等に応じて適切に業務を遂行していくという意識を持つこと等について、人事部門等から制度等の利用の対象となる労働者に周知・啓発すること。

ハ 事業主は、㈢の措置を講じる際に、必要に応じて、労働者や労働組合等の参画を得つつ、アンケート調査や意見交換等を実施するなどにより、その運用状況の的確な把握や必要な見直しの検討等に努めることが重要であること。なお、労働者や労働組合等の参画を得る方法として、例えば、労働安全衛生法（昭和四十七年法律第五十七号）第十八条第一項に規定する衛生委員会の活用なども考えられる。

■著者紹介

岡田 良則（おかだ よしのり）

岡田人事労務管理事務所所長／株式会社ワーク・アビリティ代表取締役、東京都社会保険労務士会会員。

1965年生まれ。日本ビクター株式会社で生産管理に従事、会計事務所勤務、株式会社コンサル・コープを経て、現職。各企業の就業規則の作成、賃金体系・社内諸制度の構築をはじめ、人事全般にわたる指導を手掛けながら、講師、執筆と幅広く活動している。

著書に「働き方改革法で労務管理はこう変わる」「有期労働契約の無期転職がわかる本」「人材派遣のことならこの１冊」「退職・転職を考えたらこの１冊」（自由国民社）、「就業規則と人事・労務の社内規程集」「賃金制度を変えるならこの１冊」「育児介護休業の実務と手続き」（共著、自由国民社）、「事例解説 賃金退職金制度」「ケーススタディ 労働基準法」（共著、第一法規）などがある。

■連絡先 〒150-0013 東京都渋谷区恵比寿1-30-8 プライムコート恵比寿2F

岡田人事労務管理事務所

TEL 03-5789-2704

URL http://www.okada-sr.com

E-mai info@okada-sr.com

株式会社ワーク・アビリティ

TEL 03-5789-2200

URL http://www.work-ab.co.jp

E-mail info@work-ab.co.jp

サクッと早わかり！ パワハラ防止法の労務実務

2020年３月27日　初版第１刷発行

著　者／岡田良則

発行者／伊藤　滋

印刷所／横山印刷株式会社

製本所／新風製本株式会社

発行所／株式会社自由国民社

〒171-0033 東京都豊島区高田3-10-11

営業部　TEL 03-6233-0781 ／ FAX 03-6233-0780

編集部　TEL 03-6233-0786 ／ FAX 03-6233-0790

URL http://www.jiyu.co.jp/

■装幀／吉村朋子／本文組版・㈲中央制作社